한 권으로 끝내는 탱고의 모든 것

탱고 마스터

양영아, 김동준 지음

VICKYBOOKS

긴 시간 나의 제자였던 두 친구가 탱고 안내서를 펴내 놀랍고 기뻤다.
이 책은 탱고의 초보자와 전문가 모두에게 완벽한 탱고 백과사전이다.
탱고의 정수와 기술적인 면을 상세하고 알기 쉽게 설명하고 있으며
내가 춤추던 시절인 탱고 황금기의 에센스를 고스란히 담고 있다.
탱고의 바이블 같은 '탱고 마스터'는 전세계 탱고 애호가들에게 멋진
선물이 될 것이다.

깔리토스 & 로사 페레즈 - 탱고 마에스트로의 마에스트로

이렇게 섬세하고 깊이 있게 탱고를 담아낸 책은 처음일 것이다.
처음 시작하는 이들에게는 탱고에 쉽게 접근할 수 있도록 친절한
길라잡이가 될 것이고, 마스터가 되고 싶은 이에게는 현실적인 조언과
방향성을 보여주는 정교한 지침서가 될 것이다.

2009 세계 탱고 챔피언 히로시 & 쿄코

지은이 양영아, 김동준은 부에노스아이레스는 물론 세계적 무대에서 최고 수준의 탱고 퍼포먼스를 보여주는 훌륭한 실력의 마스터들이다. 정통 아르헨티나 탱고를 깊이 이해하고 배워온 두 마스터가 풀어내는 이 안내서에는 더 추가할 것이 생각나지 않을 정도로 모든 에센스와 통찰이 들어있다.

2008 세계 탱고 챔피언 다니엘 나꾸치오 & 크리스티나 소사

긴 시간 준비했던 '탱고 마스터'가 세상에 나와 감회가 새롭습니다.
탱고는 단순한 춤이지만, 함께 추려면 두 사람의 많은 것을 담아내고
소통해야 합니다. 열정이 필요하지요, 그렇다고 희생을 요구하지는 않습니다.
탱고를 한마디로 정의한다면 '나를 드러내고 너를 온전히 받아들이는
열정과 소통의 춤'이라고 하겠습니다.

이 책은 부에노스아이레스에서 가르침을 주신 탱고 거장들의 지혜와
풍부한 경험을 기반으로, 초보자들에게는 친절한 안내서이자
전문가들에게는 수시로 찾아보며 창조적인 아이디어를 얻을 수 있도록
중요한 단서들을 곳곳에 심어 놓았습니다.

각 장과 챕터는 탱고 전반을 아우르는 다채로운 주제로 채워져 있습니다.
여러분이 탱고의 세계를 더 깊이 이해하고 춤의 에센스를 느끼며 실제로
즐겁게 출 수 있도록 꼭 필요한 내용들을 골라 정성껏 준비했습니다.
이 책이 앞으로 멋지게 펼쳐질 여러분의 탱고 라이프와 함께 하는
길잡이가 되기를 바랍니다.

양영아, 김동준

Special Thanks

Gracias al Tango
Gracias a la familia
Gracias a los amigos
Gracias a los maestoros
Gracias a Dios

일러두기

1. 단어나 용어의 설명은 각 페이지 하단에 본문 중 병기한 번호와 함께 설명합니다.

2. 본문에서 스페인어나 영어를 한글로 표기할 때 해당 외국어를 한글 옆에
   작은 글씨로 적었습니다. 발음의 특성상 센소리가 나는 부분은 쌀, 쎄 등과 같이
   실제 소리 나는 것과 최대한 비슷하게 표기했습니다.

3. 전체적인 용어 설명은 마지막 장의 '부록 - 아르헨티나 탱고 필수 용어 사전'에서
   확인하실 수 있습니다.

목차

제 1장. 탱고, 초심자를 위하여

Chapter 1. 탱고는 두 사람이 추는 춤

Chapter 2. 탱고 마스터 찾기

Chapter 3. 탱고의 카테고리와 스타일

Chapter 4. 탱고 클럽 밀롱가 이야기

제 2장. 탱고, 실제로 추기

Chapter 5. 탱고 춤의 이해

Chapter 6. 탱고를 잘 추는 방법

Chapter 7. 뮤지컬리티

Chapter 8. 탱고 마스터의 비밀

Chapter 9. 탱고 디제이 수업

제 3장. 탱고의 역사

Chapter 10. 대표적인 탱고 악단

Chapter 11. 탱고의 역사

제 4장. 탱고, 지도자를 위하여

Chapter 12. 탱고 강습 가이드

Chapter 13. 탱고 공연과 대회 준비하기

제 5장. 탱고 피지컬

Chapter 14. 탱고 생리학 기초

Chapter 15. 탱고테라피

부록.

탱고 필수 용어 사전

제 1장

탱고, 초심자를 위하여

1+1 = 1

탱고는 한 사람과 또 다른 한 사람이 만나 하나의 춤을 완성하는 것

탱고는 파트너가 필요한 춤이다. 호흡이 잘 맞는 파트너와 함께 두 사람 만의 탱고 스타일을 완성해 나가는 커플 댄스이다. 탱고는 소셜 댄스로 처음 보는 사람과도 충분히 즐겁게 춤을 출 수 있도록 발전해 왔다. 담백하고 간결한 초기의 동작들은 시간을 더하며 다양하고 섬세해졌다. 현대에 접어들며 동작은 보다 정교해졌는데 이러한 기술적 동작들이 추가되면서, 아무래도 낯선 사람보다는 고정된 파트너와 합이 잘 맞았을 때 더욱 뛰어난 퍼포먼스를 연출하게 되었다. 그러나 탱고가 소셜 댄스라는 본질에는 아무런 변함이 없다. 오히려 그러한 동작들을 다양한 사람들과 적절히 구사할 수 있으면 춤추는 재미가 증가하고 심미적 욕구를 만족시키며 사교활동에 유리해진다.

탱고는 새로운 세상으로 떠나는 신비한 여정이다. 다양한 문화를 접하게 되는 것은 물론 낯선 인물들과 만날 기회가 빈번해지는 등 예상을 뛰어넘는 놀라운 경험을 선사한다. 이러한 과정을 파트너와 함께 할 수 있다면 더욱 특별하고 역동적인 여정의 주인공이 될 수 있다.

그러나 탱고를 처음 시작하는 초보자는 물론 경력이 10여 년 넘은 밀롱게로들 중에서도 고정 파트너가 있는 경우는 극히 일부에 불과하다. 탱고를 단순히 취미로 즐기거나 여가를 위한 소셜 댄스로만 즐긴다면 고정 파트너의 유무가 큰 문제가 되지 않겠지만, 탱고를 진심으로 즐기고 그 신비한 여정에 도전하기로 했다면 고정 파트너가 필요한 순간이 반드시 오게 된다. 일단 탱고 클럽에서뿐만 아니라 다양한 공간과 무대에서 탱고가 전해주는 다채로운 형태의 혜택을 누리기 쉬워진다. 대회나 공연 등 특별한 이벤트에 참여할 기회가 현저히 늘어나고 탱고를 완성하는 데 걸리는 기간도 앞당겨진다.

유명한 탱고 마스터인 깔리토스 페레즈와 로사 페레즈는 매주 월요일과 수요일 순덜랜드 클럽에서 탱고 수업을 열었다. 그들은 가끔 수업에 열정적이고 열심인 학생들을 선별하여 자신들의 집으로 초대했는데 그 자리에서 깊이 있는 탱고의 비전을 전수해 주곤 했다. 이때 초대받은 학생들은 대부분 파트너가 있는 경우였다. 이유를 따로 묻지 않았지만 파트너가 있는 댄서들이 배움에 더 열정적이고 지속 가능하다고 판단했던 듯하다.

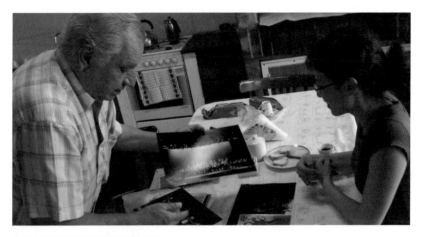

마스터 깔리토스와의 첫 번째 개인수업

마스터의 Tip

파트너의 중요성은 처음 입문하는 사람들도 본능적으로 인지한다. 그들의 첫 질문은 대부분 "탱고를 배우고 싶은데 파트너가 있어야 하나요?"이다. 대답은 항상 똑같다. "아니요. 혼자서도 충분히 배울 수 있어요!" 탱고는 파트너가 없어도 충분히 배울 수 있는 춤이고 즐길 수 있는 춤이다. 그럼에도 불구하고 탱고를 완성하고 더 나아가 탱고 마스터로 성장하기 위해서는 고정된 파트너의 역할이 결정적인 요소가 될 수 있다. 탱고 마스터가 된 후에는 파트너의 중요성이 줄어들 수도 있지만 역시 효율적이지 않다.

의미심장한 탱고 파트너

부에노스아이레스에서 탱고 파트너는 의외로 다양한 관계로 존재하며 '아미고', '꼼빠녜로', '빠레하' 등으로 의미가 구분되기도 한다.

'아미고' 는 친구를 의미한다. 탱고를 시작하기 전부터 친구 관계였거나 탱고 학원, 탱고 클럽 등에서 알게 되어 친구가 된 경우이다. 파트너 구분에서 가장 결속력이 약한 관계로 탱고를 추기 위해 서로 시간과 약속을 정해서 만나는 것이 아니라, "갔더니 있더라" 정도의 사이를 유지한다. 서로 편하고 익숙한 관계라서 수업 시간에 다른 사람보다 자주 파트너십을 갖고 연습하는 경향을 보인다. 특히 남녀 비율이 맞지 않을 때는 서로에게 이득이 될 수 있다.

일반적으로 탱고 수업에서는 수시로 "깜비오 빠레하(파트너 바꾸기)"를 해서 수업 분위기를 신선하게 만들고 탱고 본연의 기능인 사회화도 가능하게 한다. 가끔 남녀 비율이 심하게 맞지 않을 때가 있는데 이럴 땐 혼자서 우두커니 시간을 보내거나 혹은 파트너를 찾아서 고군분투해야만 한다. 그 결과 탱고 강사가 "깜비오 빠레하"를 외칠 때마다 괜찮은 파트너를 찾아 눈을 맞추고 그 곁에 가깝게 서려는 눈치 게임이 벌어지곤 한다.

그렇다고 탱고 수업에서 의무적으로 "파트너 바꾸기"를 할 필요는 없다. 그 날의 성비와 상관없이 두 사람의 의지가 가장 우선시되기 때문이다. 다만 비율이 심하게 차이가 날 경우 파트너의 효용성이 증가하는데 이때 아미고 관계의 두 사람이 절반은 아미고끼리, 나머지는 다른 사람과 파트너십을 갖고 참여한다면 보다 효율적으로 수업이 이루어질 수 있다. 만약 그런 날에 커플이 아닌데도 두 사람끼리만 춤을 춘다면 이기적인 모습으로 비추어지거나 연인 사이라는 오해의 소지가 생길 수 있다.

탱고는 소셜 댄스이므로 수업 분위기에 적절히 대응하면서 "파트너 바꾸기"를 하면 된다. 아미고 관계의 파트너는 탱고 클럽에서 같은 테이블에 앉지만 다른 사람들과 자유롭게 춤을 추며 즐길 수 있는 관계다. 따라서 아미고 관계는 탱고 수업과 탱고 클럽에서 탱고 초보자들에게 가장 효율적인 관계가 될 수 있다.

'꼼빠녜로' 는 직장 동료라는 뜻이다. 특정 목적 혹은 경제적 이익을 위해 일시적으로 맺는 파트너 관계다. 꼼빠녜로는 아미고의 관계보다 조금 더 전문적인 관계로 수업, 공연, 대회 참가 등을 목적으로 하는 경우가 많다. 따라서 꼼빠녜로 관계는 전문적인 댄서들 사이에 많이 생겨난다. 철저하게 일에 관련되어 파트너십이 형성되기 때문에 남녀 애정에 대한 문제가 발생하지 않는다는 것이 장점이다. 이미 가정이 있거나 연인이 있는 댄서들이 선호하는 관계이기도 하다. 서로의 상황에 따라 여러 명의 꼼빠녜로와 일하는 경우도 많다. 기본적으로 탱고 실력이 갖추어져 있어야 하며 조금만 연습해도 바로 실전에 들어갈 수 있어야 한다.

'빠레하'는 1:1 고정 파트너를 의미한다. 전문 댄서 혹은 아마추어라도 그 실력과 상관없이 탱고를 출 때는 항상 함께한다는 암묵적인 계약을 한 관계다. 아주 특별한 상황이나 파트너의 허락을 받는 경우를 제외하고는 다른 사람과 연습, 레슨, 공연, 대회 참가 등을 하지 않는다. 탱고의 마지막 관문인 개성적 탱고 스타일을 완성하기 위해서 가장 필요한 관계이기도 하다.

이렇게 볼 때 빠레하 만들기는 탱고 마스터가 되는 여정의 시작과 끝이라고도 할 수 있다. 이 여정에서 빠레하는 그 어떤 마스터보다 서로에게 중요한 스승이자 동반자가 된다. 그들은 자신들만의 개성 있는 걷기와 안기 스타일을 만들 때까지 부단히 연습한다. 탱고 한 곡을 추는 포르마를 완성하기 위해서 수없이 많은 동작들을 반복하고 그것을 내면화하기 위해 기나긴 시간을 함께 보내야 한다. 그러는 사이 크고 작은 싸움과 화해가 끊임없이 반복되지만 또 그만큼 서로를 격려하고 응원하며 이해해 주게도 된다. 오랜 세월 동안 서로가 신뢰를 쌓고 관계를 유지하고 가꾸는 데는 많은 시간과 노력, 비용, 상대에 대한 배려가 필요하다. 그리고 그 노력의 결과는 플로어에서 보상받게 된다.

실제적으로 더 복잡한 커플의 관계가 있을 수 있는데 이는 많은 이민으로 다양한 인종과 문화가 뒤섞여 있는 항구도시 부에노스아이레스에서 탄생한 탱고의 특징이다. **"플로어에 서면 서로 믿고 의지할 사람은 오직 앞에 있는 파트너 한 명 뿐이다."**

Argentina

Buenos Aires

마스터의 Tip

부에노스아이레스 토박이 사람들은 자신들을 '뽀르떼뇨'라고 지칭하며 큰 자부심을 갖고 있다. 항구 사람들이라는 뜻의 뽀르떼뇨들은 자기 생각과 다른 것을 보고 들을 때 불편함을 느끼지 않는데, 이것은 타인에 대한 존중과 무관심에서 나온다. 나와 다른 사람이 다른 생각과 취향을 가지는 것이 너무나 당연하다고 생각하며 개인의 사적 영역에 관심을 두지 않음으로써 오히려 사회적 존재로서의 개인을 존중하는 것이다. 탱고 문화는 이 다름의 이해, 인정 그리고 존중에 기초해서 이루어져 있으며 탱고를 출 때 오히려 누구와 비슷하거나 닮았다는 것을 매우 수치스럽게 생각한다. 다양한 파트너 관계들을 이해하고 받아들이면서 서로 신뢰를 쌓아 간다면 반드시 좋은 파트너를 만들고 탱고를 완성할 수 있을 것이다.

좋은 파트너의 조건

훌륭한 탱고 커플의 이미지는 둘이 춤을 출 때 하나의 모습으로 보이는 것이다. 일반적으로 좋은 파트너는 미남미녀에 키가 크고 타고난 피지컬이 좋아야 한다고 생각하기 쉬운데 이는 좋은 파트너의 핵심적 조건에 들어가지 않는다.

탱고를 잘 추게 되어 마스터의 반열에 오르면 체격과 체형이 바뀌어 점점 좋은 외모를 갖게 된다. 반면 처음에 아무리 외모가 뛰어나도 탱고 실력이 늘지 않으면 별다른 매력 없이 평범한 인물로 남게 된다. 이런 현실을 간과한 채 외모만 보고 파트너를 선택하는 실수를 경계해야 한다. 사람은 저마다 성격, 취향, 체형이 다르므로 좋은 파트너의 조건도 개인별로 다를 수 있다. 좋은 파트너의 세부 조건은 다르더라도 공통적으로 고려해야 할 조건은 따로 있게 마련이다. 바로 두 사람이 함께 오랫동안 호흡을 맞추어 수업, 연습, 공연 등을 할 수 있어야 한다는 것이다.

오랜 시간 함께 하며 발전적인 관계를 유지하려면 객관적으로 좋은 조건의 사람을 찾는 것이 아니라 나와 잘 맞는 가치관과 인내심을 소유한, 주관적으로 좋은 내 사람을 찾아야 한다. 나에게 잘 맞는 파트너를 한눈에 알아보기 위해서는 몇 가지 질문에 해답을 갖고 있는 것이 좋다.

첫째, "나는 지금 파트너가 필요한가?"

이 질문에 대부분의 초보자들은 긍정을 표할 것이고 탱고 마스터들의 일부는 부정을 표할 것이다. 앞서 말했듯 탱고를 즐기기 위해서는 때에 따라서 파트너가 필요할 수도 필요하지 않을 수도 있다. 탱고는 소셜 댄스이기 때문에 혼자서 세계 어느 밀롱가를 가더라도 즐길 수 있다. 따라서 탱고 파트너를 구하려 애쓰는 시간과 비용을 줄이고 아마추어로서 꾸준히 탱고를 즐기는 것도 좋은 방법이다. 오히려 초보자들에게는 파트너가 생기는 것이 탱고를 즐기는 데에 방해가 될 수도 있다. "나는 과연 파트너가 필요한가?"라는 질문은 탱고를 시작하고 1년 정도의 시간이 지난 후부터 생각해도 늦지 않다.

둘째, "나는 왜 탱고를 추는가?"

탱고는 첫발을 내딛는 것이 어렵지 시작하고 나면 오히려 헤어 나오기 힘든 매력이 있다. 처음 설렘과 두려움을 안고 수업을 듣던 것이 차츰 더 많은 시간과 비용을 들여 전문적인 강습을 받고 탱고 클럽인 밀롱가까지 다니게 된다. 그러다 보면 어느새 인생의 절반이 탱고에 빠져있다는 것을 알아채게 된다. 직장을 은퇴하고 삶의 여유를 즐기는 사람들에게는 더할 나위 없이 좋은 취미지만 한창 일할 연령대의 사람들에게는 상당한 고민거리가 될 수밖에 없다. 탱고를 배우고 잘 추는 수준까지 도달하려면 오랜 기간이 필요하다. 처음 입문하고 1년에서 2년 사이에 허무함과 두려움이 생길 수도 있다.

탱고를 추는 것이 부질없게 느껴지고 시간 낭비, 돈 낭비처럼 느껴지지만 도저히 끊을 수 없을 것 같다는 생각마저 들기 시작한다. 마치 알코올 중독이나 마약 중독처럼 나쁜 습관에 빠져 헤어 나오지 못하는 것처럼 느껴질 때가 찾아온다. 그러나 돌이켜 생각해보면 "나는 왜 탱고를 추는가?"라는 질문과 이에 대한 답을 찾으려 고민했던 시간이 가장 부질없었다. 한참을 방황한 끝에 이 질문은 탱고를 제대로 배우고 제대로 추지 못해서 생기게 된다는 것을 알게 되었다.

탱고의 가장 큰 목적은 즐기는 것이다. 그저 재미있게 인생을 즐기는 것이다. 그런데 많은 사람들이 그냥 즐기는 것에 익숙하지 않고 즐기는 것에 죄의식을 지니고 있다. 탱고는 비옥한 축복의 땅과 같다. 즐기고 가꾸는 자는 반드시 큰 결실을 얻게된다.

파트너 없이도 탱고 생활이 즐겁다면 탱고를 가장 손쉽게 즐길 수 있는 사람이다. 소셜 라이프를 즐기고 사람들과의 만남을 즐길 줄 안다면 굳이 파트너를 찾을 이유가 없다. 연애를 하기 위해 탱고를 찾는 사람들도 있다. 육체적으로 밀접한 춤인 탱고에 본능적으로 이끌려 오는 사람들이다. 이것은 자연스러운 현상이지만 연애 목적으로 탱고를 시작한 사람들은 오래 버티지 못한다. 탱고는 매우 격정적인 춤이며 열정이 필요하다. 이성에 대한 욕망에 목적이 머물러 있다면 탱고에서 도태되게 된다. 탱고를 배우고 밀롱가에서 즐기다보면 시간이 흘러 자연스럽게 애인, 연인, 이성 친구도 생길 수 있다. 처음부터 너무 파트너 만들기에 집착하기보다는 자연스럽게 탱고를 즐기고 그 결실은 시간에 맡기는 것이 훨씬 현명하다.

탱고에서 초보자들은 어디를 가든 환영받는다. 신선하고 풋풋한 새내기 탱고인들은 항상 보호받는다. 그러나 1년이 지나서도 초보 그대로면 그는 냉정하게 무시당하고 버림받는다. 그래서 초보자들은 실력을 키우려고 부단히 노력해야 한다. 그 과정에서 파트너를 찾기 위해 많은 에너지를 사용하는 경우가 있지만 그 결과는 그리 효율적이지 않다.

초보자일수록 다양한 사람들과 춤을 추어야 한다. 그래야 탱고 면역력이 생기고 나중에 올바른 파트너를 찾을 수 있게 된다. 그렇다면 파트너가 꼭 필요한 시기는 언제일까? 탱고 경력이 2년을 넘어가고, 밀롱가에서 즐기는 것이 점점 시들해지고, 춤을 더 잘 추고 싶어지면서, 전문 댄서의 길도 타진해 보고 싶고, 공연 및 대회에 참가하고 싶은 것이 탱고를 추는 목적이 되는 순간, 바로 그 순간이 파트너가 필요한 순간이다.

셋째, "나는 인내심이 있는가?"

파트너에는 두 가지 부류가 있다. 싸우는 파트너와 아주 심하게 싸우는 파트너. 파트너를 만드는 것도 어렵지만 파트너 관계를 유지하는 것은 더욱 어렵다. 심지어 노장의 탱고 마스터들도 공연 전 연습을 위해 안고 걷기를 하자마자 1분도 안 되어 싸우고 연습을 포기하는 경우가 많다고 한다.
부에노스아이레스에서 탱고 유학 당시 일본 탱고 마스터들과 연습 모임을 만든 적이 있다. 서로의 의견과 고민을 교환하는데 그 토론 주제의 대부분은 파트너십에서 발생한 문제였다. 파트너끼리 의견이 맞지 않고 춤도 맞지 않아 매일 싸운다는 것이다. 어떻게 화해했는지에 대한 내용은 거의 없었다. 탱고에서 화해는 시간이 해결해 준다.

탱고는 어떤 면에서 굉장히 쉽고 정직한 춤이다. 배우고 꾸준히 연습하면 탱고 마스터의 길은 항상 열려있다. 그 정직한 길을 끝까지 갈 수 있는 성공의 열쇠는 지금 내 앞에 있는 파트너와 얼마나 오랫동안 그 길을 함께 갈 수 있느냐이다. 만약 파트너와 한 시간 연습 후 싸웠다면 굉장히 성공적인 연습이다. 보통은 연습을 시작하고 5분도 안 돼서 싸우게 된다. 그 싸움의 내용은 단순한 의견 교환일 수도 있고 논쟁일 수도 있으며 심지어는 육체적인 다툼까지 있을 수 있다.

지속적인 파트너십을 유지할 수 있는 관건은 얼마나 자주 싸우고 얼마나 오래 싸우는가가 아니라 얼마나 빨리 화해하고 서로의 감정이 풀리는가이다. 5분 연습 후 싸우고 그 여파가 짧게는 하루, 길게는 2주까지 갈 수도 있다. 심지어 부에노스아이레스에서 어떤 일본 마스터 부부는 다툼 중에 남자가 여자의 턱을 잘못 건드려 무려 3개월 동안 연습을 하지 못한 일도 있었다. 물론 그 이후에 화해하고 지금은 훌륭한 탱고 마스터가 됐지만 그 남자는 한 번의 화를 참지 못해 3개월 동안 사과하는 마음으로 파트너의 병시중을 들어야 했다.

파트너가 된 커플은 이상과 목표가 높으므로 조급함으로 실수를 범하게 될 확률이 높다. 그 결과 연습은 점점 힘들어진다. 탱고 자체와 연습은 즐겁다. 춤을 추는 것 자체가 재미있고 행복하기 때문이다. 그러나 여기에 파트너란 변수가 들어가면 상황은 반전되기 십상이다.

탱고는 인내의 춤이다. 인내심 하나만 있으면 탱고 안에서 일어나는 모든 어려운 상황들은 곧 행복으로 바뀐다. 파트너와는 어쩔 수 없이 화나는 일이 생기기 마련이다. 그때는 인내를 갖고 그 화가 지나갈 때까지 기다리면 된다. 그리고 나중에 복기해 보면 그 순간이 화가 날 상황이 아니었음을 깨닫게 된다. 탱고는 서로 다름을 이해해 가는 과정이다. 그 다름을 즐기고 소통하면서 춤을 추는 것이다. 혹시 춤이 막히고 관계가 경색될 때는 차분히 멈추어서 풀릴 때까지 기다리면 된다. 그래서 인내심이 많은 사람들에게만 파트너 만들기를 추천한다.

탱고를 추면서 "누구처럼 춘다." 혹은 "누구와 비슷하다.", 이런 이야기를 들으면 모욕이 된다. 특히 탱고 마스터들은 자신들만의 개성을 담은 스타일을 만들기 위해 엄청난 노력을 기울인 사람들로서 이런 말을 들으면 독보적인 자기 세계에 대한 모독으로 받아들이게 된다. 이 개성적인 탱고 스타일과 독보적인 자기 세계는 파트너와 오랜 시간 교감하면서 서로에게 좋은 영향을 주고받으며 구축해 온 결과이다. 같은 파트너와 오랜 시간 함께 춤을 추면서 개성적인 스타일을 만들어낼 수 있는 핵심은 바로 인내심이다. 수많은 탱고 마스터들은 이렇게 이야기한다. **"탱고는 참고 견디는 것이다."**

원하는 파트너 구하기

현실적으로 원하는 탱고 파트너를 구하는 방법은 2가지가 있다.

첫 번째 방법은 전문 탱고 댄서를 고용하는 것이다. 말레이시아, 필리핀, 인
도네시아 등 상류층의 커플댄스가 발달한 일부 동남아 국가에서는 비용을
지불하면 탱고 클럽, 수업, 대회, 공연 등에 함께 할 수 있는 탱고 전문 댄서
들을 쉽게 고용할 수 있다. 즉 원하는 전문 댄서를 선택하고 일정 비용을 지
불하면 원하는 파트너를 구할 수 있는 시스템이다. 부에노스아이레스에도
택시 댄서라는 이름으로 이와 비슷한 고용직 전문 파트너가 존재한다. 그러
나 한국, 일본 등에서는 현재까지 고용직 파트너 시스템이 미비하다.

두 번째 방법은 시간과 비용을 들여서 지속적으로 수업을 받고 부단한 연습
을 통해 탱고 실력을 쌓는 것이다. 만약 여력이 있어 탱고 마스터에게 개인
레슨을 꾸준히 받는 동시에 그룹 레슨을 병행한다면 결국은 원하는 파트너
를 구할 수 있게 된다.

파트너를 만나는 일은 탱고 수업 첫날에 이루어질 수도 있고 오랜 시간이 걸
릴 수도 있다. 둘 중 어느 쪽이든 파트너를 만나고 꾸준하게 좋은 관계를 이
어나갈 수 있는 힘은 지속적으로 실력을 향상시키는 것만이 유일한 방법이
다. 잘 다듬어진 탱고 실력은 전 세계 어디서나 워너비 파트너를 구할 수 있
는 황금 티켓이다.

원하는 파트너를 구할 수 있는 장소

탱고 파트너를 구할 수 있는 장소는 탱고 동호회, 아카데미, 대학교 병설 전문가 과정, 탱고 클럽 등 다양하지만 특히 어느 장소든지 사람이 많이 모이는 곳을 선택하는 것이 확률적으로 많은 도움이 될 수 있다. 그중 일차적으로 그룹 레슨에 참여하는 것이 가장 효율적이다. 아마추어 파트너십은 탱고 동호회나 아카데미를 통해서, 전문적인 파트너십은 전문교육원 탱고 전문가 과정을 이수하면서 찾아보는 것이 가장 효율적이다.

탱고 클럽의 경우 더 많은 사람들과 교류하므로 확률상 파트너를 구할 수 있는 기회는 많아진다. 그러나 실제로 보면 탱고 수업에서 만나 이루어진 파트너십보다 춤의 스타일, 성격 그리고 실제 실력 등 검증을 통해 확인할 부분들이 많아진다.

부에노스아이레스, 니뇨비엔 밀롱가

Chapter.2 탱고 마스터 찾기

탱고는 정형화된 춤이 아니다. 배우고자 하는 사람의 가치관과 미학에 따라서 탱고 마스터를 선택하는 기준은 다를 수 있다. 초보자들은 자신에게 잘 맞는 탱고 마스터를 선택하는 것이 쉽지 않다. 아는 만큼 보이고 보이는 만큼 다시 아는 것처럼, 아직 탱고에 대한 기초 지식이 전무한 상태에서 어떤 마스터가 좋은 마스터이고 그렇지 않은지를 판단하기 어렵기 때문이다. 이럴 때에는 좋은 마스터를 찾기 위해 시간을 소비하는 것보다 주변에서 편하게 배울 수 있는 가까운 장소를 선택해서 하루라도 먼저 시작하는 것이 좋다. 이후 경험이 쌓이고 탱고에 대한 눈과 귀가 열리면 그때부터 좋은 탱고 마스터를 찾아다니면 된다.

대부분의 동호회, 학원 등에서는 소셜 탱고를 기본으로 가르친다. 빠르게 탱고를 배우고 싶다면, 소셜 탱고 중에서도 비교적 쉽고 짧은 기간 내에 배울 수 있는 "뽀르딸레아 스타일"이나 "삐띠떼로 스타일"을 선택하면 된다. 심플하고 매우 엘레강스한 스타일인 "뽀르딸레아 스타일"은 다만 가르치는 곳이 거의 없으므로, 다운타운 중심부의 작은 탱고 클럽에서 추는 스타일인 삐띠떼로 스타일을 선택하면 된다. 이 스타일은 "센트로 스타일"이라고 불리기도 한다. 이 두 가지 스타일은 보통 3개월 정도 배우고 6개월 연습하면 춤을 출 수 있게 된다. 단순히 사교용 탱고가 목표라면 주변 어느 곳을 선택해도 무방할 것이다.

탱고 스타일

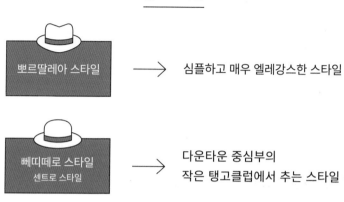

뽀르딸레아 스타일 ⟶ 심플하고 매우 엘레강스한 스타일

뻬띠떼로 스타일
센트로 스타일 ⟶ 다운타운 중심부의
작은 탱고클럽에서 추는 스타일

탱고를 마스터하는 가장 좋은 방법은 탱고에 대해서 잘 알고 경험이 많으며 잘 가르치는 탱고 스승을 찾아서 배우는 것이다. 요즘은 유튜브를 비롯해서 동영상으로 탱고를 추는 정보를 쉽게 습득하고 배울 수 있다. 하지만 겉모양만 비슷한 전혀 다른 춤을 추게 될 수 있으므로 반드시 가까운 탱고학원, 동호회 그리고 대학 병설 전문가 과정에서 수강하기를 권장한다. 탱고는 소셜 댄스이기 때문에 강습 참여와 동호회 등의 활동을 통해서 춤추는 방법과 더불어 사교 생활 및 밀롱가 에티켓도 같이 배울 수 있게 된다. 탱고 문화 코드는 세계 어디를 가도 동일하므로 해외의 낯선 도시에 여행이나 출장을 가더라도 처음 보는 사람들과 탱고를 즐길 수 있고 친구가 될 수 있다.

탱고를 처음 시작할 때 특정한 목적이 있다면 그 목적에 맞는 강사와 학원을 찾아서 시작하는 것이 좋다. 단순한 취미로 접근하거나 여가 활동 및 뒤

풀이 등의 사교 생활도 함께 즐기고 싶다면 동호회를 택하고, 탱고 학습에 좀 더 비중을 둔다면 탱고 아카데미나 탱고 학원 그리고 전문적인 지도자의 길을 걷고 싶다면 대학교 병설 전문가 과정 등을 선택하면 된다. 궁극적으로 탱고 마스터가 되기 위해서는 자신이 원하는 목표를 인지하고 한 방향을 정해서 지속적으로 나아가는 것이 최선이다

탱고 마스터는 결국 한 사람

탱고는 여러 명의 마스터에게 다양하게 배우는 것보다 한 명의 마스터에게 꾸준하게 배우는 것이 더 효과적이다. 동전의 한 면을 보면서 동시에 다른 면을 볼 수 없듯이 각기 다른 두 가지의 탱고 스타일을 동시에 배울 수 없다.

초급 단계는 보통 2~6개월 정도면 충분하다. 이 기간은 탱고의 씨앗이 뿌리를 내릴 자리를 준비하는 시간이다. 이런 저런 다양한 수업을 들으며 본인의 성격에 맞는 강사도 찾아보고, 여러 가지 탱고 스타일과 미학도 적용해 보며 자신이 앞으로 어느 길로 갈지 결정하면 된다. 물론 이 결정의 시기는 짧으면 짧을수록 좋다. 일단 결정을 내렸다면 뿌리를 내려야 한다. 초급 단계를 지나고 난 후 2년 동안이 앞으로의 탱고 인생에서 정말 중요한 시기라고 단언할 수 있다. 적어도 이 2년 동안은 한 명 혹은 한 커플의 탱고 마스터에게 배우기를 권장한다. 그런데 실상 이 시기에 대부분의 사람들이 가장 많은

마스터에게 가장 다양한 수업을 듣는다. 뿌리가 제대로 내릴 틈도 없이 흔들리게 되는 것이다. 초급 단계를 가벼운 마음으로 보냈다면 이 시기에는 좀 더 중심을 잡고 지향하는 한 점을 바라보아야 한다. 가장 운이 좋은 경우는 처음 결정한 곳에서 좋은 탱고 마스터를 만나서 그 스승에게 꾸준히 배우는 것이다.

부에노스아이레스에 처음 갔을 때, 매일 같이 하루 2~3 타임의 다른 탱고 마스터 수업을 들었는데 당시 이름이 잘 알려진 탱고 마스터들의 수업을 전부 듣기 위해서 일정이 상세히 기재된 땅가우따 등의 잡지를 뒤지며 온 도시를 헤맸다. 2007년 즈음은 이제 막 탱고가 세계화되던 시기여서 부에노스아이레스에는 현존하는 유명한 탱고 마스터가 거의 다 상주하고 있었다. 마음만 먹으면 손쉽게 저렴한 강습료로 얼마든지 좋은 탱고 마스터의 수업을 들을 수 있었다. 어찌 보면 강습 쇼핑이라고 할 수 있을 정도로 매시간과 요일마다 매번 다른 마스터들에게 수업을 들으며 만족을 느꼈다. 그러나 시간이 지날수록 춤추는 것에 문제가 생겼다. 어떤 마스터는 손을 위로 올리라고 하고 다음 날 다른 마스터는 내리라고 했다. 매 수업마다 각각의 마스터가 원하는 스타일로 바꾸어서 춤을 추어야 했다. 그리고 이런 과정이 수년간 이어졌다.

나중에는 현존 최고의 그랜드 마스터 3~4명에게 배우는 것으로 압축이 되었는데 이마저도 혼란스러웠다. 깔리토스 페레즈는 무릎을 더 굽히라고 하고 호르헤 디스파리는 무릎을 펴라고 했다. 걷기를 할 때 발바닥을 사용하는 방법도 제각각이었다. 가브리엘 미쎄는 발끝으로 걸으라고 하고 깔리토스 페레즈는 뒤꿈치로 걸을 때까지 아무것도 가르쳐 줄 수 없다고 했다. 그리고 다니엘 나꾸치오는 두 가지 방법 모두 가능하다고 했다. 모든 탱고 마스터들의 교습법이 같은 듯 했지만 매우 상이했다. 그럼에도 불구하고 모두들 **"탱고는 하나다."** 라고 강하게 주장했다.

한 가지의 탱고 스타일만 연습해도 10년은 되어야 완성이 된다. 호기심과 욕심으로 모든 스타일을 다 배워보려 여러 마스터를 찾아다니는 것은 탱고에 대한 지적 호기심을 만족시키고 다양한 탱고의 정보에 대한 지식을 넓혀주지만 실력을 향상시키는 데는 오히려 방해가 될 수 있다. 개별 탱고 마스터의 실력과 매력은 거부하기 힘들다. 수업을 들으면서 얻는 희열은 놀라울 정도다. 그러나 때가 되면 반드시 하나의 마스터만 선택할 것을 권한다.

탱고 스타일은 맞고 틀리고가 없다. 오히려 자신만의 개성 있는 스타일을 만들면 맞는 것이고, 다른 사람을 흉내 내 비슷한 스타일이 되면 틀린 것이다. 이런 면에서 탱고는 여러 마스터에게 다양한 수업을 받는다고 더 빨리 잘 출수 있는 춤이 아니다. 오히려 한 마스터에게 집중적으로 배우고 매일 30분씩 꾸준히 연습하는 것이 자신만의 스타일을 만드는 데에 효과적이다. 결론적으로 보면 탱고 마스터를 선택할 때 가장 어려웠던 점은 훌륭한 여러 탱고마스터 중 단 한 사람만을 선택해야 하는 것이었다.

깔리토스, 로사 페레즈는 우리가 마지막으로 선택한 마스터였다. 처음 부에노스아이레스에 머물렀을 때인 2006년부터 그들의 명성은 자자했다. 그 당시 세계 탱고 챔피언이라면 모두 그들의 손을 거쳐 갔다고 할 정도였다. 황금기의 탱고를 보고 자랐던 그는 피구라의 대마왕이라 불릴 만큼 유명한 탱고 동작들을 많이 창안한 장본인이기도 했다. 그러나 수업의 대부분은 탱고 기초인 걷기와 안기였다. 그 당시에는 그 수업에서 아무런 매력을 느끼지 못했다. 현란한 젊은 댄서들의 춤을 보다가 아무것도 보여주지 않고 한 시간 동안 걷기만 시키는 노장의 수업은 지겹기만 할 뿐이었다. 이후에도 계속 수업을 들었지만, 항상 패턴과 테크닉을 가르쳐 주는 젊은 마스터들의 수업이 우선시 되었다. 그 이후 몇 번의 탱고 유학 동안에도 여러 탱고 마스터를 찾아 돌아 다녔다. 그 후 십수 년이 지나서야 비로소 깔리토스와 로사는 우리의 마지막 탱고 마스터가 되었다.

깔리토스의 수업에 한 소년이 있었다. 그 소년은 초등학교 수업시간에 탱고라는 춤을 처음 보게 되었다. 비록 영상이었지만 스크린 위에 펼쳐진 탱고는 소년을 매료시키기에 충분했다. 당대를 대표하는 여러 마스터의 매혹적인 춤 중에서도 특히 소년이 반한 마스터는 깔리토스였다. 소년은 즉시 부모님을 졸라 깔리토스의 탱고 수업을 듣기 시작했다. 그때 소년은 12살이었고 자라서 탱고 댄서가 되고 싶다고 했다. 매주 월요일과 수요일 저녁이면 그의 부모님은 한 시간 거리를 운전해서 그를 깔리토스와 로사의 수업에 데려다 주었다. 그렇게 6년이 지나서 그 소년이 18세가 되었을 때 세계 탱고 챔피언이 되었다. 그가 바로 2010년 땅고쌀론 부문 최연소 세계 탱고 챔피언인 세바스티안 히메네스다. 한때는 그가 오직 깔리토스에게만 배웠다는 것이 의아하고 놀라웠는데, 이제 그런 선택을 했던 그가 옳았다는 것을 알게 되었다.

젊은 탱고 마스터들의 열정과 정교한 테크닉은 수업을 재미있게 받을 수 있게 하는 큰 장점이 될 수 있다. 그러나 자칫 테크닉과 육체의 화려함에 빠져 그들의 몸과 동작을 따라 하는 오류를 범하는 경우가 많이 발생한다. 한때 모든 땅게라의 우상이었던 제럴딘 로하스의 수업에서조차 늘 "돈트 꼬피, 돈트 꼬피(Don't copy)"라고 외치는 소리를 들을 수 있었다. 이는 스승의 몸만 따라 하면 자기 자신을 잃게 되고 탱고의 본질 또한 놓치게 된다는 것을 일깨워 주는 좋은 가르침이었다. 탱고에 정진하는 어느 커플이든 그 테크닉이 절정에 도달하게 되면, 그들은 반드시 탱고의 정통과 에센스를 잘 알고 있는 노장의 탱고 마스터를 찾게 된다.

마스터의 Tip

모든 탱고 마스터는 하나같이 자기만의 개성 있는 스타일로 춤을 춘다. 그럼에도 불구하고 모든 탱고 마스터는 "탱고는 결국 하나다."라고 입을 모아 이야기한다. 이 말에는 탱고를 추는 스타일은 각기 달라도 탱고의 에센스만큼은 꼭 지켜져야 한다는 의미가 담겨 있다. 따라서 훌륭한 탱고 마스터는 자신만의 개성적인 스타일을 통해서 탱고의 고유한 에센스를 가르칠 수 있어야 한다.

훌륭한 탱고 마스터를 선택하는 방법

예전에는 SNS가 발달되지 않아서 부에노스아이레스에서 탱고에 관한 정보를 찾는 것이 어려웠다. 기껏해야 밀롱가 전문 잡지나 밀롱가 안에서 나누어 주는 전단지가 정보의 전부였다. 그런 상황에서 탱고 유학을 떠나온 초보 여행자들이 그들 중 누구에게 배울지 판단하는 일은 어려울 수밖에 없었다. 가장 보편적인 방법은 주위 사람들에게 수소문해 직접 수업에 참석하는 것이었으며 운이 좋다면 밀롱가에서 그들의 공연을 직접 본 다음 그 누군가를 선택할 수 있었다. 선택의 과정은 복잡했지만 의외로 시간은 오래 걸리지 않았는데 그 이유는 모든 사람들이 지명하는 유명한 탱고 마스터의 수는 그리 많지 않았기 때문이다.

최근에는 유튜브를 통해서 다양한 탱고 마스터의 데모 수업을 보거나 공연을 보고 누구에게 배울지 쉽게 선택할 수 있게 되었다. 영상을 보고 탱고 마스터의 미학을 선택한 다음 공연을 보고 수업을 몸소 체험하면서 배움을 이어나갈지 정하면 된다. 여기서 탱고 마스터 선택의 첫 번째 기준은 미학이 될 것이다. 미학은 직관적이고 본능적이며 특히 탱고에는 절대적인 미학이 없다. 한 사람의 탱고는 그 자신이 살아온 인생과 철학을 고스란히 담고 있다. 그래서 공연이나 강습을 보고 그 춤이 마음에 든다면 주저 없이 그 마스터를 선택해도 좋다. 이후 배움으로 이어진다면 절반은 성공한 셈이다.

탱고 마스터의 길은 10년 혹은 20년이 넘는 여정이 될 수 있다. 그 사이에 스승과의 마찰도 있을 수 있다. 사실 스승은 학생들과 마찰이 생길 일이 거의 없다. 마찰은 학생 스스로가 만들어 내는 것이다. 왜냐하면 제자는 스승을 얼마든지 선택하고 버릴 수 있지만 스승은 제자를 선택할 수도 마음대로 버릴 수도 없기 때문이다. 세상에 좋은 탱고 마스터는 수도 없이 많다. 그러나 좋은 학생들의 숫자는 아주 적다. 따라서 좋은 마스터를 선택함에 있어 나 자신 또한 그 마스터에게 좋은 학생이 될 수 있는지 깊게 생각해 보는 것이 좋다. 탱고를 배우는 과정은 오랜 시간이 필요하므로 자신의 성격과 스승의 성격이 조화로운지 반드시 심사숙고해야 한다.

초보자들은 대부분 감성적으로 마스터를 선택한다. "아, 저 마스터 느낌 있어!"하면서 배우기 시작한다. 그러나 탱고 마스터가 되고자 한다면 테크니컬한 면도 놓쳐서는 안 된다. "기술이 완성되면 예술이 시작된다."라는 격언이 있듯이 탱고 마스터는 탱고 테크닉 마스터이기도 하다.

탱고는 "운 센띠미엔또", 하나의 감성이고, 감성의 흐름은 탱고 미학의 기반이 된다. 그리고 이 미학은 탱고 고유의 테크닉을 통해서 표현된다. 오랜 기간 경험과 연습을 통해서 이루어진 탱고 테크닉은 마스터와 수강생을 연결해주는 통로가 된다. 이 통로를 통해서 전달된 탱고는 모든 이에게 깊은 감동을 선사하게 된다.

탱고를 잘 추는 것 VS 춤을 잘 추는 것

탱고는 일반 사람들이 추는 춤이다. 신체 조건이 우월하거나 무용 테크닉이 좋은 사람들에게 특화되어 있지 않다. 탱고의 테크닉은 신체를 필요 이상으로 과하게 사용하지 않는다. 일반인이 꾸준하게 연습하면 어렵지 않게 도달할 수 있다. "탱고의 테크닉은 무릎을 굽히고 펴는 것이 전부다."라는 말이 있듯이 탱고에 있어서 발레, 현대무용, 재즈댄스, 힙합, 댄스스포츠 등 다른 춤의 테크닉은 중요하지 않다.

처음 탱고를 시작할 때는 여러 가지 춤의 테크닉이 도움이 되기도 하지만 시간이 지날수록 오히려 탱고를 완성하는데 방해가 되기도 한다. 이런 면에서 일반인이 탱고 마스터가 될 확률이 다른 전문 무용가보다 높다. 춤에 대해서 전혀 모르는 일반인은 신체 역량의 부족함을 느껴 배우고 배워도 늘 탱고에 대한 허기를 느낀다. 이 허기야 말로 탱고 마스터로 가는 원동력이 되는데 끊임없이 배우려는 열정으로 전환되는 것이다. 다른 춤이 섞이지 않은 순수한 탱고만을 꾸준히 배우고 익히면서 결국에는 온전한 탱고의 느낌을 담아낼 확률이 높아진다.

반면에 다른 춤의 전문 무용가들은 춤 자체를 잘 추기 때문에 조금만 배워도 쉽게 탱고 클럽에서 즐길 수 있을 정도의 탱고를 추게 된다. 몸을 잘 움직이기 때문에 눈에 띄고, 여타 동호회나 아카데미로부터 많은 러브콜을 받게 된다. 이때부터 배움은 마르고 점차 가르침으로 방향 전환을 하게 된다. 춤도 익숙하고 가르치는 일도 익숙하므로 초보자들에게는 별 무리 없이 좋은 탱고 강사로 비치기도 한다. 하지만 탱고가 충분히 내면화될 시간을 갖지 못하고 배움을 중단하다 보면 무의식적으로 자신이 전문적으로 추었던 춤을 가미해 버리게 된다. 결국 탱고와 비슷하지만 향기가 다른 춤으로 완성해 버리는 것이다. 탱고 마스터에 도달하려면 내 몸에 남아있는 발레, 현대무용, 댄스스포츠, 살사, 재즈댄스 등 다른 종류의 춤은 잠시 잊고 탱고에 집중하는 것을 추천한다.

마스터의 Tip

짧은 탱고 경력을 지녔지만 다른 분야의 전문 댄서들이 탱고 강사가 되는 것은 기본적으로 좋은 일이다. 춤에 대한 이해와 교습법에 대한 전문지식으로 수강생들을 잘 이끌어 탱고 사회에 순조롭게 적응시켜 줄 수 있기 때문이다.

그러나 탱고를 좀 더 심도 있게 배우고 싶다면 탱고만을 잘 추는 마스터를 찾아야 한다. 왜냐하면 탱고 테크닉은 다른 무용 테크닉과 상반되는 경우가 많기 때문이다. 탱고 기본 자세를 기준으로 본다면 발레는 명치에 힘이 들어가고 발도 과하게 턴 아웃 된다. 살사는 상체의 움직임과 골반의 움직임이 탱고의 신체 가동 범위에서 벗어난다. 댄스 스포츠는 상체가 뒤로 젖혀지고 팔꿈치와 손목의 위치가 다르다. 이렇듯 근본적으로 각각의 춤은 기본 자세부터 다르다. 탱고 경력이 짧은 전문 무용가들도 이를 잘 파악하여 교습하기를 권장한다.

체계적 교습법을 가진 탱고 마스터

탱고를 막 시작한 초보자들에게는 레슨의 체계적 노하우를 가진 마스터가 가장 좋다. 탱고는 부에노스아이레스 고유문화이기 때문에 열정, 사랑 등의 감성적인 부분을 배우는 것도 중요하지만 이런 부분을 너무 강조하다 보면 기술적인 부분을 놓치게 되는 경우가 많다. 특히 부에노스아이레스와 매우 다른 문화권인 아시아 국가 등지에서는 추상적인 단어들보다 숫자와 같이 정량화된 단어를 사용해서 가르칠 수 있는 탱고 마스터가 효율적이다. 특히 초보 시절에는 체계적인 탱고 교습법이 있는 마스터에게 배우는 것이 무엇보다 중요하다.

이렇게 체계적인 탱고 교습법으로 유명한 마스터로는 2008년 세계 탱고 챔피언인 다니엘 나꾸치오와 크리스티나 소사 커플을 예로 들 수 있다. 우리의 오랜 스승이자 친구인 이들은 메트로놈이나 악보 등 시청각 자료를 적극 활용하여 초급에서 고급에 이르기까지 커리큘럼에 맞는 정확한 교습법을 보유하고 있다. 특히 탱고 페스티벌에 적용되는 각 세미나의 주제에 맞는 창의적인 교습법은 가히 독보적이다.

마스터의 명성이 곧 신뢰

처음 부에노스아이레스에 도착했을 때 세상과 등진 은둔 탱고 고수가 존재할 것이라는 막연한 기대감에 부풀었다. 도시 곳곳을 이리저리 헤집고 다니며 혹시나 마주칠 운명 같은 순간을 기다리고 기다렸다. 설렘과 희망은 이내 불안과 초조로 바뀌었지만, 탱고의 정수와 비밀을 전수해 줄 마스터를 찾아 헤매는 과정은 몇 년 더 이어졌다. 그렇게 이십 년이 지난 지금 명쾌한 해답을 얻었다. 탱고에 은둔 고수는 없다. 탱고는 소셜 댄스다. 누구나 다 아는 고수는 있어도 아무도 모르는 은둔 고수는 없다. 그래서 부질없이 어딘가 있을지도 모르는 탱고 마스터를 찾아다닐 필요가 없다.

2007년 한 일본 커플을 만나서 친구가 되었다. 친절하게도 부에노스아이레스 현지 생활에 도움이 되는 정보들을 알려주었고, 훌륭하고 인기가 좋은 마스터 수업을 소개해 주었다. 순덜랜드라는 아주 넓은 실내 운동장이었는데 연세가 많고 지긋하신 마스터가 70여 명의 학생들을 가르치고 있었다. 그 일본 커플은 2009년에 아시아인 최초로 세계 탱고 챔피언이 된 히로시 & 쿄코였고, 소개해 준 스승은 현존 최고의 탱고 마스터 중 한 커플인 깔리토스 & 로사 페레즈였다. 보는 눈이 없으면 좋은 보석도 돌로 보이게 된다. 결국은 돌고 돌아서 깔리토스 & 로사 페레즈에게 돌아갔지만 지나쳐버린 시간이 아쉬운 것은 어쩔 수 없다.

마스터의 Tip

탱고 마스터를 선택할 때 현재 가장 유명하고 인기가 많은 마스터를 선택하는 것이 좋다. 여기에 경륜까지 더해져 연세가 지긋하면 완벽한 스승을 찾은 것이다.

Chapter.3 　탱고의 카테고리와 스타일

탱고 댄스는 "땅고 데 쌀론"과 "땅고 데 에쎄나리오" 두 개의 카테고리로 나누어진다. 두 카테고리는 각각 귀속되는 장르가 다르다. "땅고 데 쌀론"은 소셜 댄스로서 일반인들이 사교 생활로 즐길 수 있는 춤이고, "땅고 데 에쎄나리오"는 쇼 형식으로 무대용 춤이다. 이 두 가지는 추는 장소와 목적도 다르고 춤을 추는 방식과 배우는 방식도 다르다. 현재는 이 두 가지 춤이 상호 보완하며 공존한다. "땅고 데 쌀론"을 그대로 무대에 올리기도 하고 "땅고 데 에쎄나리오"를 취미로 배우는 일반인도 많이 늘어나는 추세다. 탱고를 즐기려는 사람들이 늘어나면서 두 카테고리가 자연스럽게 교차하게 된 것이다.

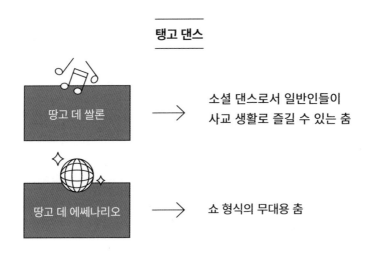

탱고 댄스

땅고 데 쌀론 　⟶　 소셜 댄스로서 일반인들이
사교 생활로 즐길 수 있는 춤

땅고 데 에쎄나리오 　⟶　 쇼 형식의 무대용 춤

땅고 데 쌀론 Tango de Salón

살롱은 근세에서 근대에 걸쳐 문화적 수준이 높고 취향이 비슷한 사람들끼리 모여 사교적인 관계를 맺는 공간이었다. 이러한 살롱 문화에 탱고가 받아들여지면서 부에노스아이레스에 "땅고 데 쌀론"이라는 탱고 춤의 장르가 시작되었다. 자연스럽게 탱고를 추는 장소도 하층민이 거주하는 거칠고 울퉁불퉁한 길거리 바닥에서 상류층이 거주하는 부드러운 대리석이나 고급 마룻바닥이 깔린 살롱으로 바뀌게 되었다. 이때부터 탱고를 규정짓는 중요한 미학중의 하나인 엘레강시아가 생겨나기 시작했다.

길거리에서 추던 탱고가 살롱으로 들어오면서 플로어 안에는 중요한 에티켓이나 규칙 등이 생겨나게 되었다. "시계 반대 방향으로 전진하며 춤을 추고 앞뒤 커플과 부딪히지 않아야 한다, 춤을 함께 추는 두 사람은 아브라쏘를 깨지 않고 춤을 춰야 한다, 그리고 모든 동작은 두 사람의 아브라쏘 안에서 이루어져야 하며 과장하지 않고 자연스러워야 한다, 플로어에서 함께 추는 모든 이는 상호 신뢰와 존중이 있어야 한다." 등이다.

땅고 데 쌀론 중에서도 탱고의 미학과 형식이 완성된 스타일을 "땅고쌀론 Tango Salón"이라고 한다. 자유분방하고 개성이 뚜렷한 탱고의 춤추는 방식에는 원래 스타일이란 것이 존재하지 않았다. 그러나 탱고가 황금기에 접어들면서 탱고 마스터들이 대거 등장하게 되었다. 이들이 서로 경쟁과 협력을 하면서 탱고를 아름답게 출 수 있는 미학과 피구라가 만들어지고 또 이를 서로 공유하면서 "땅고쌀론"이라는 탱고의 대표적인 스타일을 만들어 내게 되었다.

"땅고쌀론" 이전에는 바우사를 적게 하고 역동적으로 움직이는 "땅고 오리제로" 스타일이 있었다. 오리제로는 부에노스아이레스 도시 외곽에 사는 사람들을 부르는 말이다. 초창기에는 부에노스아이레스 도시 외곽에서 오리제로들이 주로 탱고를 추었다. "땅고 데 쌀론" 시대에는 "땅고 오리제로"와 "땅고쌀론" 이 두 가지 스타일이 공존했다. 아주 출중한 댄서들은 두 가지 스타일을 모두 잘 출 수 있었다고 한다. 최근까지 탱고의 스타일은 "땅고 오리제로"와 "땅고쌀론" 두 가지뿐이라고 분류하기도 한다. 현대에는 밀롱게로와 누에보도 탱고의 스타일로 거론되고 있지만 아직은 시간이 더 필요한듯 하다.

밀롱게로는 탱고 황금기에 탱고에 중독된 사람들을 부르던 말이다. 단지 중독된 것만 뜻하는 것이 아니라 그들의 탱고에 대한 애정과 헌신, 그리고 그들이 쌓은 춤 실력을 인정하고 존중하는 의미를 담은 것이었다. 그래서 밀롱게로를 스타일로 엮어서 부르는 것은 정확하지 않다. 현재 밀롱게로 스타일이라고 오역된 스타일은 정확하게는 1964년에 시작된 "뻬띠떼로"라는 스타일이다. 이 스타일은 레꼴레따라는 부유한 동네에 있던 "쁘띠 카페"에서 시작되었다. 작은 카페에서 타이트한 수트를 입고 모카신을 신은 젊은이들이 탱고를 췄는데 보통 2~3개월 배우면 출 수 있는 단순한 춤이었다. 이 젊은 이들을 뻬띠떼로라 불렀고, 이들이 추는 탱고를 뻬띠떼로 스타일이라고 불렀다.

마스터의 Tip

"탱고"는 1940~50년대에 황금기를 보냈고 탱고 실력이 뛰어난 마스터들에 의해 춤의 스타일이 완성되었다. 춤꾼들은 경쟁적으로 피구라를 만들어 냈고 좋은 피구라는 흡수하여 자신만의 것으로 재탄생시켰다. 이러한 창조적인 과정이 매일 밤낮으로 10여 년 동안 이루어졌고 탱고 역사상 가장 아름답고 완성도가 높은 땅고쌀론 스타일이 완성되었다. 땅고쌀론은 멜로디를 선호하고 부드럽고 길게 걸으며 빠우사를 많이 하고 아름다운 패턴을 잘 한다는 것이 큰 특징이며 엘레강스함이 돋보이는 스타일이다.

땅고 데 에쎄나리오 Tango de Escenario

"땅고 데 에쎄나리오"는 탱고를 기반으로 무대에서 진행되는 탱고 쇼를 의미한다. 탱고가 지닌 정서와 테크닉을 기반으로 서커스, 클래식 무용, 현대무용, 마술, 연극적 요소까지 다양한 기법을 활용하여 제작된 일련의 안무를 극장 관객들에게 보여주는 것이다. 과장된 동작과 분장, 의상 등 최대한의 극적인 자원을 활용하여 관객들에게 감동을 전달하는 무대 예술이다.

땅고 데 에쎄나리오는 황금기의 "탱고 판타지아 Tango Fantasía"가 그 시초이다. 정통 탱고를 추면서 공연적 요소 정도를 가미하기도 했고, 다른 분야의 무용수들이 탱고 동작들을 연습해서 공연하기도 했다. 현재에도 이와 비슷하게 정통 탱고를 계승하면서 공연 요소를 추가하는 정통 스타일과 발레, 현대무용, 서커스 테크닉을 활용한 아크로바틱한 스타일이 공존한다. "탱고가 무대에 올라가면 더 이상 탱고가 아니다."라는 이야기가 있듯이 "땅고 데 에쎄나리오"는 표현의 제약이 없다. 쇼 비즈니스인 "땅고 데 에쎄나리오"는 기본적으로 전문 무용가들의 영역이다. 입장료를 받고 기대에 상응하는 전문적인 공연 서비스를 제공해야 하므로 감동적인 안무와 높은 신체적 테크닉을 요구한다. 부에노스아이레스는 탱고 극장 및 디너쇼 등의 에쎄나리오 댄서들이 설 무대가 많지만 그 외의 국가는 탱고 무대가 거의 없는 실정이다. 그럼에도 불구하고 일반인도 취미로 땅고 데 에쎄나리오를 배우고 즐길 수 있다. 동호회 파티, 밀롱가 등에서 충분히 재능을 발휘하고 공연의 맛을 즐길 수 있다.

Chapter.4 탱고 클럽 밀롱가 이야기

탱고를 추는 클럽을 "밀롱가"라고 한다. 밀롱가는 탱고를 추는 사람들이 모여서 탱고를 즐기는 장소다. 탱고를 배우려고 하는 사람들이나 탱고 초보자들에게는 선망의 장소이기도 하며 탱고 전문가들에게는 소통의 장소이기도 하다.

도시의 밀롱가

파리, 뉴욕, 로마, 도쿄, 서울 등 세계 대도시는 물론 중소 도시에까지 크고 작은 밀롱가들이 있다. 이 밀롱가들의 공통된 특징은 탱고인이라면 누구에게나 매우 익숙한 음악들이 나온다는 것이다. 탱고 음악은 춤을 추러 온 이들에게 향수를 불러일으키고 고향 집에 돌아온 것 같은 익숙한 안식처를 제공한다.

부에노스아이레스에서 밀롱가는 지역 커뮤니티의 사교 장소로서 큰 역할을 담당해 왔다. 가족과 친구들끼리 식사를 하고 와인도 함께 마시며 담소를 나누는가 하면, 좋아하는 오케스트라의 연주를 듣고 탱고를 추기도 하는 등 사교 문화를 꽃피우는 대표적인 장소였다. 주요 밀롱가였던 "순덜랜드 클럽"은 토요일 밤이면 500여 명이 넘는 사람들이 모여 식사를 하면서 탱고를 즐겼다. 일반적으로 밀롱가에는 모든 사람이 앉을 수 있는 테이블과 의자가 마련되어 있다. 식사 메뉴는 아르헨티나식 바비큐인 빠리샤와 피자, 파스타 등이 다양하게 준비됐고, 가성비 좋은 와인들도 구비돼 있어 오감을 만족시켰다. 보통 식사는 밤 11시쯤 시작되어 밤 12시쯤 마치는데 그때부터 서서히 분위기가 달아올라 새벽 4시가 되면 끝이 났다. 이후 여흥이 가시지 않는다면 시내에 있는 밤샘 밀롱가인 "라 비루타"로 가서 아침이 밝아올 때까지 춤을 추기도 했다. 라 비루타는 새벽 4시면 아침식사를 주문할 수 있었으므로, 사람들은 그곳에서 아르헨티나식 아침식사인 '카페 꼰 레체'와 '메디아루나'를 먹고 아침 6시까지 춤을 추었다.

밀롱가는 잠들지 않는 도시 부에노스아이레스의 밤 문화를 대표해 왔다. 저녁부터 아침까지 꼬리엔테스[1] 거리의 극장과 카페에는 사람들이 가득했다고 한다. 지금까지도 부에노스아이레스의 시내버스는 24시간 운영된다.

유럽의 밀롱가는 대도시 외곽에서 열리는 경우가 대부분이다. 런던, 파리, 밀라노, 로마 등 물가가 비싼 도시의 밀롱가는 더욱 외곽 쪽에 위치하며 시내에서 열리는 밀롱가는 장소가 협소한 편이다. 아시아로 넘어오면서 밀롱가 사정은 조금 나아진다. 아시아 탱고의 원조인 도쿄 시내 중심에는 많은 밀롱가가 있고 심지어 최고 상권 지대인 긴자에도 멋진 밀롱가가 있다.

---

1 꼬리엔테스 Avenida Corrientes : 부에노스아이레스 도시를 가로지르는 중심 거리로 극장과 카페가 많다.

부에노스아이레스의 밀롱가

서울은 아시아 최고의 탱고 도시답게 밀롱가의 수도 월등히 많고 수준도 상당히 높다. 압구정동 등 강남권의 요지와 홍대 등 강북의 요지에 다수의 밀롱가가 매일 열리고 많은 인원이 모이고 있다.

대도시에 있는 밀롱가는 편리한 접근성으로 많은 사람이 쉽게 즐길 수 있는 장점이 있다. 반면 임대료 등의 비용 문제로 장소가 좁은 편인데, 그나마 최대한 인원을 수용하기 위해 좌석을 줄여 춤출 수 있는 플로어의 공간을 넓히는 모습이다. 이로 말미암아 춤을 추고 난 뒤 앉아서 쉴 공간이 부족해져 끊임없이 춤만 추게 되는 상황이 연출되기도 한다.

협소한 밀롱가는 탱고를 추는 사람들의 춤 스타일도 바꾸어 놓았다. 초보자와 상급자가 뒤섞여 있어 앞으로 진행이 어려워지고 제자리에서 뱅뱅 도는 경우가 빈번해졌다. 진행이 되지 않기 때문에 걷기가 사라지고 메디오 히로나 오초 꼬르따도 등 하위 레벨의 피구라를 반복하게 되었다. 피구라의 반복은 춤에서 빠우사를 사라지게 했다. 1960년대 뻬띠떼로 스타일이 대도시에서 재현되고 있는 것이다. 공간이 좁아 보폭이 짧아지고 히로 등의 상급 피구라 사용이 어려워졌다. 길게 걷기와 상급 피구라 등을 통한 에너지 발산의 기회가 사라지면서 탱고를 추며 카타르시스를 느낄 수 있는 여지가 줄어들고, 이런 에너지 발산이 어렵게 되자 춤꾼들의 춤이 공격적이고 사나워지는 부작용이 생기기도 한다.

마스터의 Tip

가장 이상적인 밀롱가는 적어도 300명 정도의 인원을 수용할 수 있어야 한다. 이 정도의 인원을 수용할 수 있어야 문화의 다양성을 포용할 수 있으며 밀롱가의 순기능이 발휘된다. 남녀노소, 인종 구분 없이 모두 나와 다르지 않다는 생각으로 예의와 배려를 갖추게 되고, 탱고를 추는 군중의 에너지는 고된 일상 속에서 삶의 활력소로 작용된다.

도쿄, 긴자의 밀롱가 리베르탱고

백인백색의 밀롱가

밀롱가는 저마다 고유한 특색이 있어 개인의 취향이나 상황, 그날의 분위기에 따라 선택해서 갈 수 있다. 일단 그날 모임 구성원의 친밀도에 따라 선택할 수 있는데 이를테면 온 가족이 편안하게 갈 수 있는 가족형 밀롱가, 친구들끼리 가야 재미있는 친구형 밀롱가, 혼자 가도 충분히 즐길 수 있는 싱글형 밀롱가 등이 있다. 춤추는 스타일로 구분해 보면 땅고쌀론 스타일로 추는 밀롱가, 삐띠떼로 스타일로 추는 밀롱가, 누에보 스타일로 추는 밀롱가, 모든 스타일이 섞여있는 믹스 밀롱가 등이 있다. 연령대 별로 구분되기도 하는데 20대~30대가 주로 모이는 젊은 밀롱가, 30대~50대가 모이는 메이저 밀롱가, 50대 이상이 모이는 시니어 밀롱가 등이 있다. 춤추는 실력에 따라서도 초보들이 많은 초보 밀롱가, 중간급 실력이 모이는 중견 밀롱가 그리고 전문 댄서들이 선호하는 댄서 선호형 밀롱가로 구분할 수 있다. 이 밖에 특수 계층을 위한 게이 밀롱가와 프라이빗 밀롱가 등도 존재한다. 부에노스아이레스에는 다양한 성격의 여러 밀롱가가 존재해서 그날그날 모임의 성격과 분위기에 따라서 선택지를 넓힐 수 있다. 정통 밀롱가에서는 매주 같은 요일에 고정된 탱고 디제이가 음악을 틀어주는 것으로써 그 밀롱가의 정체성을 더해준다.

한국 밀롱가의 상황은 다르다. 장소가 좁아 모일 수 있는 인원이 한정적이기 때문에 댄서들의 실력 구분도 뚜렷하지 않고 연령대도 확연하게 구분되지 않는다. 요일마다 고정된 디제이도 따로 없는 편이어서 여러 명의 디제이들이 매주 번갈아가며 음악을 담당한다. 이런 특성으로 밀롱가의 정체성이 뚜렷하지 않은 편이다. 한국에서 좋은 밀롱가를 찾는다면 그날 인원이 가장 많이 모이는 밀롱가를 선택하는 것이 좋다.

밀롱가 음악의 구성

부에노스아이레스의 전통 밀롱가 음악의 구성은 다음과 같다. 탱고 4곡이 한 묶음으로 2번 나오고 밀롱가 3곡 한 묶음이 1번 나온다. 다시 탱고 4곡 한 묶음이 2번 나오고 발스 3곡 한 묶음이 1번 나온다. 이 순서로 계속 밀롱가가 끝날 때까지 반복된다. 세계 각지의 문화와 환경에 따라 밀롱가를 운영하는 방식이 다를 수 있듯 음악을 구성하는 방법도 밀롱가의 성격에 따라 약간의 변화를 줄 수 있다. 하지만 음악이 나오는 순서는 거의 일정하다.

탱고 4곡, 밀롱가 3곡, 발스 3곡 등 각각의 묶음을 하나의 "딴다"라고 한다. 한 딴다는 동일 오케스트라의 곡으로 구성되며 같은 연도나 비슷한 연도의 음악들로 묶인다. 그래서 첫 번째 곡을 들으면 그 딴다의 성격을 알 수 있고 바로 그 딴다에 춤을 출 것인가, 말 것인가를 쉽게 결정할 수 있다. 춤은 딴다의 어느 시점이든 상관없이 플로어에 나가 출 수 있다. 다만 일단 춤을 추게 되면 딴다의 끝까지 추는 것이 파트너에 대한 에티켓이다. 체력적으로 힘들거나 잘 모르는 낯선 사람과 출 때는 2곡 정도 흘려보낸 후 춤을 청하는 것이 안전하고 효율적이다. 서로 스타일과 캐릭터가 달라서 춤추는 동안 상당히 불편할 수 있기 때문이다. 두 곡만 추고 좋았다면 나중에 한 딴다 더 출 수도 있다.

딴다와 딴다 사이에는 다른 장르의 음악이 1분 전후로 나온다. 이 막간 음악을 "꼬르띠나"라고 한다. 꼬르띠나는 커튼이라는 뜻으로 밀롱가에서는 잠깐의 휴식 시간을 의미한다. 이때 모두 플로어를 비우고 자리로 돌아가 음료를 마시거나 이야기를 나누며 쉰다. 그리고 새로운 딴다가 시작되면 다시 플로어로 나온다.

딴다와 꼬르띠나

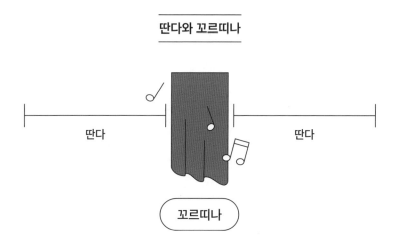

꼬르띠나

딴다와 꼬르띠나의 조합은 다양한 오케스트라에 맞춰 춤을 출 수 있는 기회를 제공하고, 파트너 체인지가 원활하도록 시간적 여유를 준다. 이 현대적인 밀롱가 시스템은 부에노스아이레스에서 또 하나의 중요한 기능을 담당하기도 하는데, 모두가 자리로 돌아가 앉는 이 시간을 활용해 웨이터들은 식사와 음료를 주문받고 돈을 받는다. 꼬르띠나가 매상을 올리기 위해 시작되었다는 이야기도 전해진다.

밀롱가의 유일한 규칙 - "론다 Ronda"

밀롱가에서 탱고를 출 때 반드시 지켜야 할 공식적인 규칙이 하나 있다. 그것은 플로어에서 춤을 출 때 시계 반대 방향으로 트랙을 지키며 앞으로 진행하는 것이다. 이 진행 방향으로 도는 것을 "론다 Ronda"라고 한다.

100여 명 정도 출 수 있는 크기의 플로어에서 구성원들이 춤을 잘 춘다면 일반적으로 3개의 트랙이 만들어진다. 가장 바깥쪽 트랙은 경험이 많은 밀롱게로들이 차지하고 제일 안쪽 가운데에는 비교적 초보자들이 자리하게 된다. 한 트랙에서 딱 한 커플만 우왕좌왕해도 론다는 정체된다. 부에노스아이레스에서는 밀롱게로들이 론다를 방해하는 외국인이 있으면 춤을 추면서 은근슬쩍 안쪽 트랙으로 밀기도 한다. 밀롱가 규칙에 따라 한번 안쪽으로 밀려나면 다시 바깥쪽 트랙으로 돌아갈 수 없다.

론다가 잘 돌아갈 때 위에서 보면 마치 플로어 전체가 춤을 추며 회전하고 있는 듯이 보인다. 조화로운 론다에서는 리더들이 앞뒤 커플과 일정한 간격을 유지할 줄 안다. 전진할 때 함께 잘 전진하고, 멈추면 같이 멈춰 제자리에서 춤을 춘다. 서로 0.5미터도 안 되는 간격을 두고 춤을 추면서도 부딪히는 일이 없다. 이렇게 좋은 론다에서는 모든 춤꾼들이 서로를 존중하며 함께 춤을 추는 모습을 볼 수 있다. 론다의 흐름을 뜻하는 "씨쿨라시온"은 그날 밀롱가의 수준을 말해준다. 늦게 도착한 밀롱게로들은 마치 날씨를 묻듯 이렇게 묻는다. "오늘 론다 어때?" 이와 같이 론다의 흐름은 그날 밀롱가의 수준이 높은지 아닌지 판단하는 기준이 된다.

밀롱가 완전정복 가이드

나의 개성과 매력을 자신있게 보여준다

밀롱가에서는 주저 없이 자신의 캐릭터를 마음껏 선보일 수 있어야 한다. 겸손하게 수줍은 듯 앉아만 있는 것은 그 누구에게도 도움이 되지 않는다. 주변 사람들을 불편하게 하지 않는 한도 내에서 자신의 탱고를 뽐내고 매력을 발산하며 인기를 끌어야 한다. 그러기 위해서는 무엇보다 품격 있는 매너를 갖춰야 한다. 모두에게 주목받는 멋진 땅게로 · 땅게라로 거듭나기 위해 실질적인 조언에 항상 귀를 열어두고 실천해야 한다.

춤추러 플로어에 나가기 전에는 충분한 시간을 갖도록 한다.

밀롱가에 들어서면 충분한 시간을 들여 분위기를 파악해야 한다. 론다의 흐름을 보고 음악이 나오는 순서와 곡 수도 체크해야 한다. 그다음 함께 춤출 수 있는 상대도 눈여겨보아야 한다. 경험이 많은 댄서일수록 많은 정보를 한눈에 얻어낸다.

남자의 경우 특히 처음 춤을 시작할 자리를 잘 선정해야 하는데 씨쿨라시온을 유난히 방해하는 사람이 있다면 '저 사람 주위는 피해야겠다.'라거나 반대로 잘 추는 사람을 보면 '저 사람 뒤에서 춰봐야겠다.'라는 판단을 하면 된다. 그리고 밀롱가의 중요한 자리가 어느 쪽에 있는지도 잘 찾아보아야 한다. 춤을 잘 추는 사람들이 모여 있거나 오거나이저 주위 또는 탱고 디제이 주위가 항상 중요한 자리이다.

여자의 경우 분위기를 살피는 일이 훨씬 더 중요해진다. 탱고는 리더에 따라 팔로워의 춤이 달라질 수 밖에 없으므로 누가 가장 나를 아름답게 빛내줄 수 있는지를 꼼꼼하게 체크하는 것이다. 일단 론다의 흐름을 보며 험하게 추거나 매너 없는 사람을 가려내야 한다. 그리고 누가 잘 추는지 기억해두었다가 그 남자들이 어디에 앉아있는지 파악해야 한다. 즉 밀롱가에 들어서면 첫 춤을 시작하기 전 춤을 출 사람과 거절해야 할 사람을 제일 먼저 결정해야 한다.

음악이 나오면 바로 홀딩 하지 말고 대화를 나눈다.

대부분 탱고 음악은 2분 30초에서 3분 내외다. 이 중 16초 정도는 도입부이고 1분이 지날 때쯤 가수의 노래가 시작된다. 적어도 도입부인 16초 이전에는 홀딩을 하지 않는 것이 좋다. 딴다 첫 곡의 도입부는 플로어로 나오는 시간 때문에 자연스럽게 지나간다. 첫 곡이 끝나고 두 번째 곡이 시작되자마자 곧바로 홀딩을 하는 경우가 많은데 이때에도 도입부를 이용해서 서로 대화를 나누는 것이 좋다. 이런 과정을 통해 상대에 대한 친밀감이 형성되고, 보다 안정된 몸과 마음으로 새로운 곡에 맞춰 춤을 출 준비를 마치게 된다. 급하게 홀딩을 하려고 하거나 4곡 내내 홀딩을 풀지 않으면 무엇에 굶주린 사람처럼 빈궁해 보인다. 처음 보는 사람이라면 이름과 어디서 왔는지 정도를 가볍게 물어보며 대화를 시작하면 좋다. 탱고는 소셜 댄스이고 대화는 탱고 안에서 새로운 친구를 사귈 수 있는 좋은 방법이다. 서로 아는 사이라면 그간의 안부나 이런저런 사적인 대화를 나눌 수도 있다.

복잡한 밀롱가에서 춤을 추는 것은 대화의 시간을 일부러 만들기 위한 좋은 수단으로 활용되기도 한다. 부에노스아이레스 사람들은 확실히 대화에 능숙하다. 부에노스아이레스 밀롱가에서는 곡이 시작될 때마다 시끌시끌하다. 마치 이야기를 하려고 플로어에 나온 것처럼 보통 30초 정도는 대화를 나눈다. 그런 다음에야 하나둘 홀딩을 하고 론다가 조금씩 움직이기 시작한다. 음악이 시작됐다고 바로 홀딩을 하면 앞사람이 춤을 시작할 때까지 제자리에서 우왕좌왕하거나 홀딩한 상태로 어색하게 서 있는 민망한 경우가 발생한다. 이미 시작한 홀딩을 곡이 끝나기 전에 푸는 것은 금기시된다. 그래서 앞에 커플이 홀딩을 시작하는 것을 보고 그 다음에 홀딩을 하는 것이 가장 안전하다. 남자들에게는 이때 나누는 대화가 비장의 무기가 되기도 한다. 밀롱가에서 대화 실력은 탱고 실력만큼 중요하다. 특히 상대에 대한 기분 좋은 칭찬은 당신을 밀롱가에서 돋보이도록 만들어 줄 것이다.

홀딩을 한 후에는 대화를 중단하고 춤에 집중한다.

일단 춤추기 시작하면 최대한 음악과 춤에 집중하고 대화는 삼가해야 한다. 론다가 돌기 시작했는데도 이야기를 끝내지 않고 계속 이어가고 싶다면 뒷사람의 춤을 방해하지 않도록 플로어의 바깥쪽으로 이동하여 론다 밖으로 나와야 한다. 그리고 이야기가 끝나면 다시 론다로 들어가서 춤을 시작하면 된다.

앞 커플과의 간격을 유지한다.

리더의 주요 기술이자 에티켓 중의 하나인 앞 커플과의 간격 유지는 매우 중요하다. 뒤따라오는 커플과의 간격은 자신이 어떻게 할 수 있는 부분이 아니다. 그 부분은 뒤 커플 리더가 책임질 공간이며, 리더들은 오로지 자신의 눈 앞에 보이는 앞 커플과의 간격만 적절하게 유지하면 된다. 앞에서 추는 커플의 움직임을 보고 조화롭게 진행하는 것이 간격 유지의 원칙이다. 그 간격은 모든 커플이 춤을 출 때 앞뒤로 한 걸음씩은 움직일 수 있을 정도의 공간이어야 한다. 능숙한 리더라면 잘 추는 리더 뒤에서 자리를 잡고 춤을 시작할 것이다. 밀롱가에서 일어나는 충돌 사고는 100% 남자에게 혹은 리더에게 책임이 있다.

역주행하지 않는다.

밀롱가에서 춤의 진행은 항상 시계 반대 방향으로 흘러가야 한다. 이에 역행하여 뒤쪽으로 두 걸음 이상 움직이는 것을 역주행이라고 한다. 역방향으로 한 걸음 정도는 인정이 되지만 두 번의 걸음은 뒤 커플과 충돌을 일으킬 여지가 다분하므로 금기시된다. 가끔 밀롱가에서 리더를 기준으로 춤의 첫 스텝을 백스텝인 뒷걸음으로 시작하는 것을 보는데 전통적인 밀롱가에서는 암묵적으로 금지된 행동이다. 춤의 첫 스텝은 사이드 스텝 혹은 전진 스텝으로 시작해야 한다. 만약 리더가 백스텝을 사용하려면 리더가 론다의 바깥쪽을 보고 서 있거나, 앞으로 두 스텝 전진한 후에 뒤로 한 스텝 정도 물러나는 식으로 안전한 공간을 확보하고 사용해야 한다. 남자가 뒤로 스텝을 할 때는 자신의 등 뒤에 다른 커플, 그 중 여자가 있다는 것을 항상 잊어서는 안 된다. 탱고는 신사의 춤이다. 지금 나와 추고 있는 여자도 보호해야 하고, 내 등 뒤에서 다른 남자와 추는 여자도 보호해야 한다. 모든 리더는 춤을 추는 동안 이 앞뒤 두 명의 여자를 보호할 책임이 있다. 이런 에티켓은 모든 사람이 밀롱가에서 조화롭고 안전하게 탱고를 출 수 있게 도와준다.

잘 아는 피구라만 한다.

밀롱가는 연습장이 아니라 실전이다. 누군가 익숙하지 않은 스텝을 연습하거나 새로운 피구라를 훈련하는 순간 론다의 흐름은 혼란스러워진다. 뿐만 아니라 파트너, 음악과 나누는 교감에도 좋지 않은 영향을 주어 탱고를 추며 얻는 기쁨이 사라져 버릴 수 있다. 연습은 수업과 쁘락띠까에서 하도록 하고 밀롱가에서는 소셜 탱고를 즐겨야 한다. 잘하는 피구라가 많지 않아도 걱정할 필요가 없다. 음악과 파트너와 계속 교감하며 춤을 춘다면 두세 가지 피구라만으로도 매번 신선한 느낌으로 탱고를 출 수 있다.

춤을 추는 동안 파트너에게 지시하거나 가르치지 않는다.

어느 밀롱가나 새로운 초보자들을 기다리는 사람들이 있다. 이들은 우왕좌왕하는 초보자들에게 도움의 손을 내미는 것으로 시작해서, 이것저것 집요하게 가르쳐 주려고 한다. 플로어에서 누군가가 자신에게 어떤 동작을 해보라 하고 가르친다면 정중하게 사양하는 것이 좋다. 밀롱가에서 누군가를 가르치는 것은 금기시되는 행동이라서 상대방뿐만 아니라 주변의 모든 사람에게 불쾌한 인상을 준다. 탱고는 즉흥성을 즐기는 춤이다. 성숙한 춤꾼이라면 파트너가 자기의 예상과 다르게 움직여도 해결책을 찾으며 즐겁게 춤을 출 수 있다. 그 어떤 누구라도 플로어에서 춤을 가르쳐서는 안 된다.

다른 커플과 부딪치는 일은 절대 일어나서는 안 된다.

과거 밀롱가에서 춤을 추다가 부딪치는 일은 절대 일어나서는 안 되는 사건이었다. 20세기 초반에는 말레보, 꼼빠드리또 같은 건달들이 탱고를 많이 추었다. 혹여 밀롱가에서 부딪치기라도 하면 곧장 칼부림이 일어나고 목숨까지 잃는 사건이 빈번했다. 20세기 중반까지도 춤을 추다가 부딪치면 결투로 이어지는 일이 일상이었다. 그 시대의 남자들에게는 탱고 실력이 자존심과 직결된 것이어서 목숨을 걸고 잘 추려고 노력했다. 초보자들이나 실력이 없는 사람들은 감히 플로어에 접근도 못하던 시절이었다.

현재는 초보자들이 플로어에서 춤을 추는데 제약이 없다. 서툴다 보니 서로 부딪히는 일이 자주 일어나곤 한다. 그래서 밀롱가에서 부딪히는 일이 대수롭지 않게 여겨질 수도 있지만, 뽀르뗴뇨들은 여전히 부딪히는 것을 심각한

일이라고 받아들인다. 특히 탱고 마스터들은, "부딪히는 것은 재난"[2] 이라고 얘기하며 절대로 일어나서는 안 될 일이라고 말한다. 탱고에 익숙하지 못하면 밀롱가 플로어에 들어서지 않는 것이 에티켓이다.

그럼에도 불구하고 과거와 다르게 현재의 밀롱가에서는 자주 부딪히게 된다. 만약 부딪쳤을 때는 누군가 크게 다치지 않은 한, 눈빛으로 미안함을 전달하고 춤을 끊지 말아야 한다. 그리고 한 곡이 끝나거나 딴다가 끝난 후 괜찮은지 물어보며 사과하는 것이 좋다. 여자의 하이힐과 남자의 왼쪽 팔꿈치는 가장 위험한 흉기가 될 수 있다. 팔로워는 볼레오 등을 할 때 발을 바닥에 붙여서 하고 리더의 팔꿈치는 항상 아래 방향으로 향하게 하여 춤을 추는 것이 좋다. 탱고의 모든 동작은 두 사람 사이의 공간에서 이루어져야 한다. 그리고 만약 부딪쳤을 때는 몸을 이완시켜 쿠션처럼 충격을 흡수해야 한다.

---

2 부딪히는 것은 재난 : 부딪히는 것을 재난이라고까지 표현하며 싫어하는 이유는 내 춤이 방해받는 것, 그것도 특히 내가 초대한 레이디와의 춤을 깨게 만든 그 방해를 심각하게 싫어하기 때문이다. 이들은 부딪히면 겉으로는 웃으며 괜찮다고 말하지만 속으로는 온갖 욕을 퍼부을 정도로 불쾌해한다.

춤의 신청 - "까베쎄오 Cabeceo"

탱고를 출 때 남녀 사이에 춤의 신청과 거절은 "까베쎄오 Cabeceo"라는 눈빛과 머리의 제스처를 통해 이루어진다. 자존심이 강한 뽀르떼뇨 남자들은 춤을 신청했을 때 거절당하는 것을 상당한 치욕으로 받아들인다. 그래서 마음에 드는 여성이 있다면 춤을 신청하기 전 대화로써 먼저 친밀감을 형성하려고 노력한다. 그녀에게 다가가 칭찬이 섞인 이야기를 건네며 기회를 엿보다가, 성공할 확률이 높아지면 마지막 확인 절차인 "까베쎄오"를 보낸다. 까베쎄오는 서로 춤출 의지가 있는 남녀가 시선이 마주치면 승낙의 의미로 머리를 까딱이는 제스처다.

까베쎄오는 단순히 두리번거리며 상대의 눈빛을 찾는 것이 아니다. 눈빛이 마주치고 잠시 머물러야 하며 이후 머리를 까딱여서 확실한 의사를 전달해야 한다. 가만히 쳐다보고만 있으면 시선은 다른 사람에게 넘어가게 된다. 밀롱가에서 남자와 여자가 1초 이상 눈을 쳐다보면 '춤추자'라는 뜻이 된다. 이때는 살짝 고개를 끄덕여 승낙의 의사를 재빠르게 표현해야 한다. 만약 춤을 추기 싫다면 눈빛을 마주치면 안 된다. 눈빛이 마주치고 1초 이상 머물렀는데도 고개를 다른 곳으로 돌려버리면 상대편에게 큰 실례가 되므로 항상 조심해야 한다. 춤을 출 의사 없이 그저 밀롱가 풍경을 구경하고 싶다면 다른 사람들과 눈빛이 얽히지 않게 주의하면서 둘러보아야 한다.

까베쎄오

만약 까베쎄오 없이 누군가 앞으로 다가와 춤 신청을 했는데 거절해야 하는 입장이 되면 두 사람 다 곤혹스럽게 된다. 이러한 상황을 미연에 방지해주는 시스템이 까베쎄오로, 춤의 신청과 거절을 효율적으로 할 수 있는 가장 중요한 에티켓이다. 만약 까베쎄오가 없다면 밀롱가는 매우 혼잡스러울 것이다.

까베쎄오는 보통 자기 자리에 앉아서 하면 된다. 꼬르띠나가 끝나고 새로운 딴다가 시작되면 분주하게 눈빛을 주고받는 진풍경이 펼쳐진다. 타이밍을 아차 놓치는 순간 사람들은 이미 플로어로 나가서 춤을 추기 시작한다. 플로어에 사람들이 가득 차면 점점 더 까베쎄오가 어려워지고, 플로어에 나간다 해도 춤출 공간을 확보하기 힘들다. 따라서 꼬르띠나가 흐를 때 미리 누구와 출지 차례를 정하고 새로운 딴다의 첫 곡이 시작되자마자 재빠르게 순서대로 눈빛을 보내야 한다. 이때 주의할 점은 내가 간절하게 추고 싶은 사람이 있더라도 계속해서 눈빛을 보내면 실례가 된다는 점이다. 1초 정도 머무르고 성사가 되지 않으면 다른 곳으로 시선을 돌렸다가 다시 돌아보는 것이 좋다. 같은 사람을 1초 이상 계속 쳐다보고 있으면 결례가 된다. 만약 3번 정도 계속 쳐다봐도 성사되지 않는다면 상대는 나와 춤출 의지가 없다고 판단하면 된다.

까베쩨오가 성사되어도 여자는 자리에서 일어나지 말고 남자가 자신에게 오는지를 꼭 확인해야 한다. 남자가 자신의 자리 앞까지 와서 다시 한번 확실하게 눈빛이 교환되면 그때 일어나 플로어로 나간다. 사람이 많은 밀롱가에서 주위의 타인과 착각할 수 있기 때문이다. 이런 이유로 까베쩨오가 이루어진 후에는 플로어에서 만날 때까지 서로의 눈빛을 항상 보고 있어야 한다. 여러 가지 주의를 기울여도 해프닝은 종종 일어난다. 두 남자가 한 여자와 까베쩨오를 하고 동시에 다가오는 경우도 있다. 그럴 때에는 당황하지 말고 원래 춤을 추기로 했던 사람과 추어야 한다. 상황에 따라 실수로 다가온 사람에게 "미안하다, 다음에 추자."라는 의사 표시를 하는 것도 좋은 방법이다. 그리고 다음 딴다에 그 사람과 다시 까베쩨오를 시도해서 추는 것이 좋다. 하지만 춤출 의사가 없다면 그냥 넘어가도 상관없다.

사람이 많거나 밀롱가가 넓어 상대가 잘 보이지 않을 때는 남자가 상대의 자리로 다가가 까베쩨오를 할 수 있다. 줄곧 옆에 서서 쳐다보는 데도 여자가 계속 자신을 보지 않는다면 "No"라고 말하는 것과 같다. 이럴 경우 혹시나 자신을 못 본 게 아닌가 하고 톡톡 어깨를 치거나 그 밖의 다른 신체 접촉을 해서는 안 된다.

춤을 배우는 것보다 까베쎄오가 더 힘들 때도 많다. 남자는 탱고를 잘 추기 전까지 까베쎄오가 잘 이루어지지 않는 편이다. 여자들은 더욱 어렵다. 보통 밀롱가는 여자가 남자보다 많은 편인데, 어떨 때는 3배쯤 더 많은 경우도 있다. 더구나 잘 추는 남자는 귀한 편이라 까베쎄오를 잘 하지 못하면 두세 시간 동안 자리에서 일어나지 못할 때도 있다. 까베쎄오를 잘 성사시키려면 춤추려는 의지가 강한 사람을 찾으면 된다. 눈을 내리깔고 바닥을 응시하고 있는 사람보다는 춤추고 싶어 발을 까딱거리며 리듬을 맞추는 능동적인 사람이 그런 경우다. 소극적인 태도의 사람을 끌어내서 추기보다는 눈빛이 오가면 자리에서 바로 튀어나올 듯한 사람과 까베쎄오를 해야 성공 확률이 높다.

원하는 상대가 나를 보지 않아서, 눈빛을 보냈는데 거절했다고 해서 마음을 쓸 필요는 없다. 탱고는 낯선 나라에서 처음 보는 사람과도 기꺼이 출 수 있는 춤이지만 인간적인 존중과 친밀감이 형성되지 않으면 오히려 함께 추기 어려운 춤이다. 앞에서 언급했지만 춤을 추기 전에 짧은 대화는 정말 중요한 역할을 한다. 꼭 추고 싶은 사람이 있는데 자신에게 시선을 주지 않는다면 오며 가며 마주칠 때 자주 인사를 건네고, 춤을 참 잘 춘다는 칭찬도 해주며, 천천히 친밀감을 쌓는 것이 좋다. 한 곡 출 수 있겠냐고 직접적으로 묻는 것은 피하는 게 좋다. 탱고는 절대 의무적으로 추거나 강요되어서는 안 된다. 서로 마주칠 때마다 호감을 쌓아두면 까베쎄오가 이루어질 좋은 음악과 적절한 타이밍이 반드시 찾아올 것이다.

마스터의 Tip

탱고는 즐거움과 함께 멋진 미학을 추구하는 춤이다. 그래서 남자들은 춤을 청할 때 위풍당당해야 한다. 매너에 더한 눈치도 꼭 갖추어야 하는데, 나를 쳐다보지 않는 여자에게 춤을 권하지 않으며 이제 막 슈즈를 갈아 신은 여자에게 춤을 권하지 않아야 한다. 반면에 여자들은 낯선 밀롱가에서 첫 번째 추는 상대를 신중하게 선택해야 한다. 밀롱가의 모든 시선이 새로 온 사람에게 집중되기 때문이다. 처음에 실력 있는 사람과 추게 되면 계속 잘 추는 사람들과 추게 되고 그 반대가 되면 계속 실력 없는 사람들과 엮이게 될 수 있다.

간혹 남자가 다가와 말로써 신청할 때 여자는 미안해할 필요 없이 춤을 사양할 권리가 있다. 이런저런 변명거리를 찾느라 머뭇거리면 오히려 상대방이 더 멋쩍어지므로, 그냥 산뜻하게 "고맙습니다만 사양하겠습니다." 하고 웃으면서 말하면 된다. 스페인어로는 간단하게 "노, 그라씨아스 No, gracias" 라고 한다.

여자는 아무리 함께 춤추고 싶은 남자가 있더라도 그에게 직접 가서 춤을 신청하지 않기를 당부한다. 남자는 신사로서 여자의 청을 거절할 수 없기 때문이다. 신사의 약점을 이용하는 이기적인 행동은 피해야 한다. 일단 신청을 받은 남자는 그녀와 춤을 추는 것이 예의지만 부득이하게 그 신청을 거절할 수밖에 없는 경우 정중하게 "지금 말고 나중에 가서 신청할게요." 라고 이야기한 후, 편안한 딴다에 2곡 정도 지나고 난 뒤 신청하면 된다.

춤의 시작과 마무리

까베쎄오가 이루어지면 남자는 여자의 자리로 걸어가서 여자가 플로어에 나오는 것을 에스코트 한다. 이것이 춤의 시작이다. 한 곡이 끝날 때마다 부드럽게 홀딩을 풀고 가벼운 대화를 나누는 것이 좋다. 곡과 곡 사이에 나누는 대화는 두 사람의 친밀도를 상승시키고 유대감을 키우기 때문에 춤을 추는 것에 큰 도움을 준다. 이때 나누는 대화는 다양한 주제로 이루어질 수 있지만 서로의 춤 실력이나 다른 사람의 춤을 평가하는 이야기는 하지 않는 것이 좋다. 간혹 경험이 많은 상대방에게 춤에 대한 조언을 구하거나 반대로 초급자에게 고쳐야 할 부분을 알려주는 경우가 있는데 어느 쪽이든지 상대에게 결례가 된다. 만약 상대방이 먼저 불편한 점이 있으면 얘기해 달라고 하더라도 잘 춘다고 칭찬해 주면서 적당히 넘어가야 한다.

마지막 곡까지 추고 나면 고맙다는 인사와 함께 남자가 여자를 원래의 자리까지 다시 에스코트 한다. 이러면 춤의 시작에서 마무리까지 한 딴다가 끝이 난다. 요즘은 춤이 끝나도 여자를 에스코트하지 않는 남자들이 있고 여자 쪽에서 에스코트를 꺼려하는 경우도 많이 보인다. 상대와의 춤이 불편했더라도 일단 같이 춤을 추었다면 남자는 반드시 여자를 에스코트해서 자리로 안내하는 것이 좋다. 여자 또한 남자의 에스코트를 자연스럽게 유도하여 춤을 마무리하는 것이 바람직하다.

파트너와 함께 있는 경우엔 더 젠틀하게

탱고에서 에스코트 문화는 옛날부터 존재해 왔다. 부에노스아이레스의 1940~50년대는 여자 혼자서 밀롱가에 가기 쉽지 않은 시대였다. 당시의 여자들은 가족과 동행하거나 신사의 에스코트가 있어야만 했다. 파트너와 동행한 경우에는 그 커플에게 춤을 청하지 않는 것이 기본 원칙이다. 보통은 그들끼리 추는 경우가 많아서 사람들은 그들에게 관심을 두지 않는다. 하지만 커플 중에서 한 명이 다른 사람과 춤을 추기 시작하면 상황은 달라진다. 그들이 다른 사람과 춤을 추겠다는 의도로 읽고 그 이후부터 자유롭게 까베쎄오를 한다.

전통적인 밀롱가 코드를 아는 땅게로들은 파트너와 같이 온 여자에게 춤을 신청할 때 우선 그 파트너 남자에게 그녀한테 춤을 청해도 되는지 물어본다. 물론 까베쎄오로 여자의 의사를 미리 확인한 상태여야 한다. 춤을 춘 후에는 원래 자리로 다시 에스코트를 하고, 남자 파트너에게 "여자분이 아름답고 춤을 너무 잘 추신다."고 인사하는 것을 잊지 않는다.

청결은 최고의 에티켓

2010년 당시 "비샤 우르끼사 스타일"이 유행처럼 관심을 받았다. 비샤 우르끼사 스타일은 우르끼사 마을에서 추는 스타일이란 뜻인데 특히 청결을 위시한 에티켓을 강조하였다. 이 스타일의 유래는 1950년대로 거슬러 올라간다. 1950년대 탱고 황금기의 스타일인 "땅고쌀론"은 비샤 데보또, 비샤 뿌에레돈, 비샤 우르끼사 등 부에노스아이레스 북쪽 지역에서 가장 번성하였다. "비샤 우르끼사 스타일"은 이 지역들을 통칭해서 의미하기도 한다. 문화 수준이 높았던 이 지역에는 실력 있는 밀롱게로들이 많이 활동하고 있었다. 엘레강스하고 멋진 스타일을 구사하는 그들을 보기 위해 사람들이 도시 전역에서 찾아들었다. 그 유명세만큼 경쟁적으로 개성 있는 스타일들을 만들어냈고 그 결과로 전통 탱고를 대표하는 훌륭한 피구라들이 만들어졌다. 탱고에서 중요하게 여기는 엘레강시아와 에티켓이 이 당시에 절정을 이루었는데, 그 기본은 청결이었다. 사람들은 우스갯소리로 비샤 우르끼사 스타일에 대해 이렇게 얘기했다. **"비샤 우르끼사 스타일은, 화장실에서 볼일 보기 전에 손을 씻고, 볼일 본 후에도 손을 씻는 것이다."**

탱고에서 청결함이 얼마나 중요한 에티켓인지 단적으로 보여주는 이야기로써, 만약 화장실에서 손을 안 씻고 나가는 남자를 본다면 그 남자와 춤을 춘 여자들과는 춤을 추지 않았다고 덧붙였다. 실제로 비샤 우르끼사의 탱고 마스터들은 화장실에 들어가고 나올 때 두 번 손을 씻는 것이 기본이었다. 특히 남자의 경우는 청결을 더욱 엄격히 적용하여 행동했다. 일례로 자신의 땀이 여자에게 전달되는 것을 피하려고 무더운 한 여름에도 재킷을 입고 춤을 추거나, 여벌의 셔츠를 챙겨와 중간에 갈아입고 쾌적하게 다시 춤을 추었다고 한다.

청결에 관한 조언은 아무리 가까운 사이라도 말해주기 거북스러운 부분이 있다. 따라서 스스로 항상 자기의 몸 상태에 주의를 기울이며 각별히 관리하는 수밖에 없다. 땀 냄새 나는 옷, 즐거운 대화를 방해하는 구취, 가까이 하기 힘든 머리 냄새, 흘러내리는 땀 등 본인 스스로 청결의 노하우를 만들어야 한다.

탱고는 소셜 댄스이다. 나의 반경 1미터 안으로 사람들을 끌어당기지 못하면 탱고를 출 수 없다. 춤의 테크닉이 몸에 습득되기까지는 오랜 시간이 걸리지만, 청결한 습관은 짧은 시간 내에 몸에 장착할 수 있다. 조금만 더 청결하게 몸을 관리하면 매력적으로 변해가는 자신을 보게 될 것이다. 그리고 함께 춤을 추려는 사람들 또한 많아지게 될 것이다.

탱고, 실제로 추기

Chapter.5 　탱고 춤의 이해

탱고는 어떠한 형식에 얽매이지 않고 별다른 제약 없이 자유롭게 발전한 춤이다. 획일화되거나 강제되지 않은 춤으로 경계가 없으며 역으로 그 경계 없음이 다양한 문화를 포용하고 아우르는 탱고의 바탕이 된다. 다른 춤들과 구분되는, 탱고라는 춤의 원형에 다가가고 싶다면 탱고가 내포하고 있는 문화적 특성을 이해하고 공감하려는 노력이 우선되어야 한다.

탱고를 품는 법, 아브라쏘

탱고의 가장 중요한 요소는 "아브라쏘"로, 탱고를 추기 위한 홀딩 방식을 뜻한다. 홀딩은 커플 댄스에서 서로 손과 팔을 이용하여 잡거나 안는 것을 말한다. 그런 홀딩을 탱고는 굳이 '안기'라는 뜻의 "아브라쏘"라고 명명하는데 이것은 단순히 춤을 추기 위해 상대를 잡는다는 의미에서 더 나아가, 상대의 조건과 배경에 상관없이 탱고라는 춤 안에서 서로를 포용해 주겠다는 강력한 메시지를 전달하는 셈이다. 서로 반갑게 인사하며 가슴을 밀착하여 안는 아르헨티나 인사법에서 비롯된 만큼, 부드럽고 뜨거운 열정이 담겨야 하며 편안하고 자연스러워야 한다.

땅고 아브라쏘 - 깔리토스 & 로사 페레즈

서로에 대한 감정이 아브라쏘를 통해서 전달되고 그 감정을 음악에 실어서 걷는 것이 바로 탱고다. 안기 문화에 익숙하지 않은 사람들은 밀착된 탱고의 아브라쏘를 이해하고 받아들이는데 상당한 시간이 소요되기도 한다. 하지만 탱고의 미학과 에센스를 담고 있는 아브라쏘를 이해할 때 비로소 진정한 탱고의 세계로 들어갈 수 있다.

아브라쏘는 리더와 팔로워의 신체적 조건에 따라 안는 방법에 조금씩 차이가 있을 수 있지만 기본적으로 다음과 같은 방법을 준수한다. 리더의 왼손은 팔로워의 오른손을 맞잡은 채 자신의 왼쪽 어깨와 눈썹 사이의 높이에 위치한다. 오른손은 가볍게 팔로워의 견갑골 부위를 감싸 안는다. 코는 팔로워의 오른쪽 팔꿈치를 지긋이 내려다보는 방향으로 향한다. 팔로워는 마주 잡은 오른손을 리더에게 맞추고 왼손은 리더의 견갑골을 부드럽게 안는다. 팔로워의 얼굴 방향은 오른쪽 방향으로 살짝 돌려서 왼쪽 뺨을 리더에게 살포시 붙인다.

탱고를 추는 동안에는 두 사람 모두 편안해야 한다. 둘 중 한 명이 희생해서 불편함을 감수한다면 아름다운 춤도 좋은 관계도 지속하기 어렵다. 아브라쏘는 한 커플의 얼굴이자 독특한 이미지로 각인되기도 한다. 밀롱가에서 어떤 커플을 이야기할 때 만약 이름을 모른다면, "아, 왜 아브라쏘 이렇게 하는 커플 있잖아."라고 말하면서 그 모양을 흉내 내어 지칭하곤 한다. 이렇듯 아브라쏘는 타인에 대한 애티튜드와 자신의 본성을 그대로 드러내주기도 한다. 열정적이다, 부드럽다, 자상하다, 강하다, 따뜻하다, 사랑스럽다 등의 좋은 면이 부각되기도 하고 차갑다, 느끼하다, 오만하다, 옹졸하다 등의 부정적인 모습이 보이기도 한다. 그래서 "아브라쏘는 탱고의 전부"라고 한다.

친구들과 밀롱가에 갔을 때 그중 누군가가 낯선 사람과 춤을 추고 돌아오면 제일 먼저 이야기되는 것이 아브라쏘다. "방금 추고 온 사람 어때?"라는 질문에 "그 사람은 아브라쏘가 진짜 편안해." 또는 "그 사람은 아브라쏘가 불편해."라는 말이 오가기 마련이다.
좋은 아브라쏘는 상대방을 소중하게 여긴다. 상대방을 밀거나 끌어당기지 않고 평온하게 설 수 있도록 배려한다. 자신이 존중받고 배려 받는다는 느낌을 갖게 하는 상대는 상당히 매혹적이다. 춤을 추는 그 순간만큼은 파트너가 이 플로어의 왕 혹은 여왕이라는 느낌을 받을 수 있도록 노력해야 한다. 그것은 훌륭한 아브라쏘로써 충분히 전달할 수 있는 느낌이며 두 사람 모두에게 큰 즐거움을 준다. 반면 아무리 기술적으로 잘 추더라도 소중히 여기는 마음이 없다면 아브라쏘는 형식적이고 딱딱하게 굳을 수밖에 없다. 이런 춤은 고된 노동처럼 서로를 힘들고 지치게 만든다.

오랜 시간 함께 춤을 춰야하는 파트너 사이에서 아브라쏘는 더욱 중요하다. 항상 서로에 대한 사랑과 존중을 담아서 안는 것이 습관이 되도록 해야 한다. 일단 그런 습관이 들고 나면 화가 나고 미운 마음이 가득할 때에도 몸이 기억하는 부드러운 아브라쏘를 만들어 낼 수 있다. 물론 둘이 싸웠을 때는 연습을 쉬는 것이 가장 좋다. 아무리 습관적으로 아브라쏘가 나온다 해도 서로에게 화난 마음으로는 탱고를 열정적으로 출 수 없기 때문이다.

아브라쏘의 가장 기초에 깔려있는 것은 열정이다. 탱고에서 열정을 빼면 남는 것이 없다. 전설의 땅게라 네그라 마르가리따[3]는 "아브라쏘에는 꼭 빠씨온이 있어야 한다."고 강조했다. 탱고에서 열정은 매우 중요하다. 그리고 이 열정이 존중과 사랑을 바탕으로 이루어지면 부드럽고 열정적인 아브라쏘의 결정체가 만들어진다.

---

3 네그라 마르가리따 : La Negra로 알려져 있으며 본명은 Margarita Guille이다.

탱고는 아브라쏘를 하고 걷는 춤이다. 걷기는 혼자 연습할 수 있어도 안기는 혼자서 할 수 없다. "탱고를 추기 위해서는 두 사람이 필요하다. (It takes two to tango)" 라는 격언은 이런 배경에서 나온다. 손바닥도 마주쳐야 소리가 나고 탱고도 어느 한 사람만의 노력이 아닌, 두 사람이 합일해야만 멋진 춤이 완성된다. 두 사람이 만나 하나의 춤이 되는 출발점이 바로 아브라쏘의 순간이고 춤이 끝날 때까지 아브라쏘가 편안하고 아름다울 때 그 춤이 빛나게 된다.

탱고 세상과 소통하기, 커넥션

세계적인 탱고 뮤지션 아스토르 삐아졸라 Astor Piazzolla 는 "탱고는 두 사람이 안고 추는데 한 사람이 움직이는 것처럼 보이는 춤이다."라고 표현했다. 아브라쏘로 연결된 두 사람의 몸은 마치 하나가 된 것처럼 움직이게 된다. 탱고의 안기는 밀도가 높고 민감해서 서로의 신체 움직임뿐만 아니라 미세한 감정까지도 정확하게 느낄 수 있다.

이렇게 두 사람이 연결된 상태를 **"탱고의 커넥션이 이루어졌다."**라고 한다. 두 사람의 커넥션이 좋을수록, 상대방의 움직임을 민감하게 파악하고 정확한 리드와 팔로우를 할 수 있게 된다. 한번 형성된 커넥션은 가슴이 붙어 있거나 떨어져 있어도 항상 유지되어야 한다. 탱고를 추는 동안 커넥션을 만들고 지속적으로 유지할 수 있는 힘은 두 사람의 가슴과 가슴이 서로 바라보고 떨어지지 않으려는 강력한 의지에 의해서 만들어진다. 탄탄한 커넥션은 약속된 안무 없이 즉흥적으로, 다양한 사람과 춤을 출 수 있게 하는 중요한 기술이다. 초보 단계에서는 커넥션을 만들기 위해 손바닥을 마주 대고 서로 밀어내는 훈련을 한다. 이 과정에서 형성되는 긴장감으로 커넥션이 어떠한 느낌인지를 몸에 익히는 것이다. 하지만 긴장감이 계속되는 상태에서는 쉽게 피로하고 좋은 춤을 출 수 없다. 일단 감각을 익혔다면 그 긴장감을 완화해 항상 부드럽고 유연한 커넥션을 찾으려고 노력해야 한다. 부드럽고 섬세하며 민감한 커넥션은 어떠한 육체적 긴장감 없이도 함께 움직일 수 있도록 도와준다.

두 사람 사이의 커넥션을 느끼게 되었다면 다음 단계는 플로어와의 커넥션을 느껴야 한다. "탱고 알 삐소"라는 격언이 있다. **"탱고 춤의 에너지는 플로어로 향해야 한다."**라는 표현이다. 탱고는 하늘로 높게 올라가려는 춤이 아니라 반대로 땅으로 깊게 내려가려는 춤이다. 탱고를 출 때는 두 발이 모두 플로어에 밀착하여 움직일 때 높은 평가를 받는다. 탱고 마스터는 항상 바닥과의 커넥션을 느끼며 춤을 춘다.

음악과의 커넥션도 빼놓을 수 없다. 두 사람이 같은 음악에 맞추어 춤을 추면 인간의 원초적인 기쁨이 생겨난다. 한 곡 안에서도 어떤 부분은 느려지고 어떤 부분은 빨라진다. 또 어떤 부분은 한없이 부드러워지다가 어떤 부분은 강하게 심장을 때린다. 두 사람이 같이 하나의 음악과 연결되면 이런 다이내믹한 변화를 즐기며, 탱고를 추는 궁극의 목적인 기쁨에 도달하게 된다. 한 순간도 놓치지 않고 커넥션의 3대 요소인 **파트너, 플로어, 음악**과 교감하면서 탱고를 춘다면 자신도 모르게 어느 순간 기쁨에 도취될 것이다.

커넥션의 3대 요소

| 파트너 | 플로어 | 음악 |

탱고로 대화하기, 리드와 팔로우

탱고는 한 사람이 리드하고 한 사람은 팔로우하는 춤이다. 리드의 목적은 함께 춤을 추는 팔로워의 기쁨을 위해서고 그 기쁨은 궁극적으로 리더의 기쁨이 된다. 리드는 제안 혹은 질문이라고 할 수 있고 팔로우는 대답이라고 볼 수 있다. 리더는 질문하고 대답을 기다린다. 팔로워는 그 질문을 듣고

화답한다. 이렇게 두 사람 사이에 춤의 대화가 이어지는 것을 리드와 팔로우라고 한다. 이 대화 방식을 통해서 처음 보는 두 사람이 즉흥적인 탱고를 출수 있게 된다.

남자의 리드는 까베쎄오로 시작해서 춤이 끝나고 여자를 원래의 자리까지 에스코트해야 완결된다. "탱고는 남자의 춤이다."라고 하는 것은 그만큼 리더에게 막중한 책임이 있다는 뜻이다. 자신의 두 발을 움직이는 것보다 우선하여, 여자의 두 발을 안내하는 일에 더 신경을 써야 한다. 이를 위해서 남자는 매 순간 스스로가 무엇을 리드하는지 정확하게 알아야 하며 그 리드에 맞게 여자의 스텝과 동작이 이루어지는지, 팔로워의 어느 발을 어느 곳으로 얼마만큼 보내야 할지 미리 인지해야 한다. 의도가 명확하게 전달되지 않으면 여자는 고민을 하게 되고 스텝을 망설이게 된다. "여자를 고민하게 만들면 탱고는 망한다."라는 말이 있다.

리드는 무리한 힘을 사용하거나 강요하지 않는다. 강하지만 부드럽고도 명확하게 리드하며 여자와 함께 움직여야 한다. 여자가 받아들이지 못했으면 이해하고 움직일 때까지 지속적으로 리드를 이어나가야 한다. 손과 팔을 과하게 움직여 밀거나 당기는 리드는 팔로워에게 불쾌감을 준다. 손과 팔을 전혀 사용하지 않고 가슴으로만 리드하는 것은 정확도가 떨어진다. 리드는 온몸을 사용해서 강하고 부드럽게 해야 한다.

팔로우란 능동적이며 적극적으로 남자의 리드에 동행하는 것이다. 남자가 자신 있게 출 수 있도록 도와주면서 동시에 우아한 몸놀림으로 자신의 존재 감을 드러내야 한다. 기회가 오면 꾸밈 동작으로 멋을 내기도 하지만, 남자에게 방해가 되지 않는 선에서 지혜롭게 음악을 채워 나간다. 가끔 팔로워가 무심결에 자신의 중심 있는 발을 바꾸는 경우가 있는데, 리드 없이 혼자서 스텝을 하다간 자칫 서로의 커넥션이 깨어질 수 있으므로 주의해야 한다. 다음 스텝을 예상하여 리드에 앞서 움직이는 것도 지양해야 한다. 이를 방지하기 위해서는 중심 없는 발의 뒤꿈치가 항상 바닥에 붙어있도록 한다.

마스터의 Tip

리드는 기술적으로 춤의 동선을 만드는 과정이다. 춤의 동선은 축과 중심의 이동을 뜻하는데 이것이 곧 걷기다. 여자의 걷기를 리드할 때 고려해야 할 3가지 요소는 방향, 속도, 보폭이다. 팔로워는 리더가 리드하는 방향, 속도, 보폭에 대응하여 리더의 가슴이 향하는 방향, 발로 바닥을 미는 힘, 무릎이 굽혀지는 높이를 파악하여 그대로 동행하면 된다.

같은 춤은 두번 오지 않는다, 즉흥 추기의 매력

탱고는 정해진 안무 없이 즉흥적으로 추는 춤이다.
어떻게 움직여도 탱고가 되어야 한다.

흔히 탱고를 표준화할 수 없다고 한다. 같은 음악에 같은 사람과 춘다 하더라도 매번 똑같이 추는 것은 불가능하기 때문이다. 몸의 컨디션, 감정, 그날의 날씨, 플로어 상태, 스피커의 음색, 앞뒤 커플의 춤 실력 등, 다양한 요소들이 춤에 영향을 주어 매번 다른 스텝으로 진행하게 된다. 만약 탱고를 출때 정해진 안무로 추게 되면 여러 가지 상황에 재빠르게 대처할 수 없게 된다. 어떤 돌발 상황에도 당황하지 않으려면 매순간 음악과 파트너와의 교감에 집중하고 길을 찾아 나아가야 한다. 이것은 리더 만의 역할이 아니어서, 탱고를 추는 남녀 모두 항상 두 사람 사이에 일어나는 변화와 주변의 상황에 주의를 기울이고, 어떤 예외적인 상황에서도 유연하게 대처하며 춤을 출수 있는 실력을 키워야 한다.

탱고가 100여 년이 넘도록 계속 변화하고 발전하는 것은 이 즉흥성이 주는 무한한 가능성과 창조성 때문이다. 현재까지 남아 있는 불멸의 피구라들은 대부분 이런 즉흥성에서 우연히 만들어졌다. 탱고의 즉흥성은 같은 사람과 같은 음악에 1만 번을 추더라도 싫증 나지 않고 매번 신선한 느낌을 가질 수 있도록 만들어 준다.

마스터의 Tip

즉흥적으로 탱고를 잘 추기 위해서는 시퀀스를 외우는 것보다 그러한 움직임이 일어나는 원리와 풀어가는 방법을 아는 것이 더 중요하다. 탱고 동작의 3요소인 걷기, 빠우사, 까덴시아를 중심으로 그 밖의 탱고 고유의 동작들을 꾸준히 연습하면 어느 순간 즉흥 탱고의 마스터가 되어 있을 것이다.

탱고가 주는 최고의 선물, 쎈띠미엔또

에모씨온(감정), 꼬라손(심장), 쎈띠미엔또(느낌)는 탱고와 늘 함께 다니는 단어들이다. 최고의 여자 탱고 댄서였던 마리아 니에베[4]는 "땅고가 다른 춤과 다른 점은 에모씨온이 있기 때문이다."라고 했다. 감정에는 사랑도 있지만 미움도 있고 분노도 있다. 기쁨 뒤엔 슬픔도 있다. 탱고 한 곡 한 곡마다 이런 에모씨온들이 가득 담겨 있어서 늘 어떤 향수를 자아낸다. 불현듯 반도네온 소리에 심장이 쿵쾅거리기도 하고, 바이올린 소리에 눈물을 흘리기도 한다.

음악에 집중해서 탱고를 추면 이런 감성들이 극대화되기도 한다. 과거의 향수, 사랑과 연민, 회한 등이 한꺼번에 떠오르기도 하고 현재의 자신을 반추하게도 된다. 심지어 바로 눈앞의 상대가 느끼는 감정까지 고스란히 전달되는 등 복합적이고 다양한 느낌들이 자연스럽게 생겨난다. 탱고를 출 때 느끼는 이런 감정은 카타르시스와 감동을 전해 주며 우리 삶에 생명력을 불어넣어 준다. **"탱고에서 마지막에 남는 것은 쎈띠미엔또"**다.

---

4 María Nieves Rego : 후안 까를로스 꼬뻬스와 함께 가장 유명한 땅고 댄서로 손꼽힌다. 영화 '라스트 탱고'를 통해 전 세계에 알려졌으며 우리나라에도 팬 층이 형성됐다. 땅고와 함께한 그녀의 인생 이야기가 영화 전편에 밀도 있게 그려져 탱고를 사랑하는 많은 이들에게 짙은 여운과 감동을 선사했다.

Chapter.6

탱고를 잘 추는 방법

탱고 춤의 기초

탱고는 리더와 팔로워가 커플을 이루어 시계 반대 방향으로 진행을 하면서 춘다. 한 곡을 추기 위해서는 걷기, 빠우사, 피구라가 필요하다. 빠우사는 '멈추기, 멈추어 쉬기'라는 뜻이고 피구라는 일련의 스텝으로 구성된 탱고 고유의 동작을 말한다. 탱고 한 곡 구성의 3대 요소인 걷기, 빠우사, 피구라를 음악에 맞게 배합하면 탱고 한 곡을 완성할 수 있다.

춤의 진행 방향

플로어
시계 반대 방향

빠우사는 걷기나 피구라를 멈추고 호흡을 가다듬는 순간이다. 두 발이 모아지고 무릎은 펴져야 한다. 피구라는 크로스, 오초, 사까다, 간초, 엔로스께, 볼레오 등 탱고 고유의 동작을 의미한다. 방향 전환을 동반한 걷기나 사선 걷기 등도 피구라에 포함된다.

"탱고 동작의 3대 요소"인 걷기, 빠우사, 까덴시아는 탱고 특유의 감성을 만들어 낸다. 까덴시아는 선율, 율동을 뜻한다. 무릎의 높낮이를 이용하여 춤의 운율을 만들어 내고 동작에 율동감을 주어 자연스러움을 더해주는 것이다.

탱고 동작은 수평 동작과 수직 동작의 조합이다. 수평적인 동작은 걷기와 빠우사로 구성 되어있고 수직적인 동작은 까덴시아다.

탱고는 기술적으로 걷기와 삐봇으로 구성되어 있다. 삐봇은 걷기의 방향을 전환하기 위해서 발바닥에 중심을 두고 회전하는 동작이다. 삐봇을 하려면 안정적인 균형 감각이 필요하다. 삐봇은 일상생활에서 거의 활용하지 않는 신체활동이라서 익숙해지는 데 오랜 시간이 걸리기도 한다.

탱고의 구성 요소

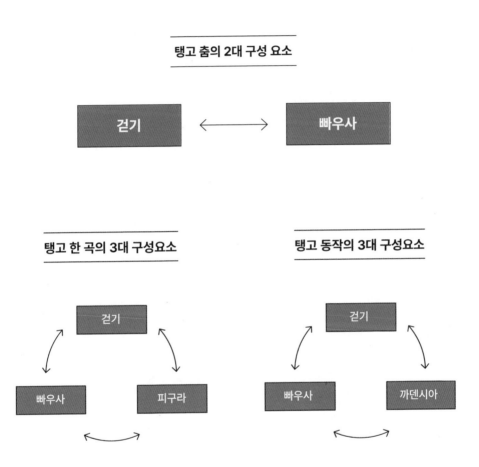

탱고 춤의 2대 구성 요소

걷기 ⟷ 빠우사

탱고 한 곡의 3대 구성요소

걷기 / 빠우사 / 피구라

탱고 동작의 3대 구성요소

걷기 / 빠우사 / 까덴시아

탱고 기술의 2대 구성 요소

걷기 ⟷ 삐봇

탱고 춤의 구성

까덴시아

걷기 피구라

빠우사

탱고의 기본자세

탱고의 기본자세는 편안하게 무릎을 편 상태에서 양쪽 발뒤꿈치를 붙이고 앞볼은 붙이거나 10도 내외로 열어준다. 고관절을 골반 뒤에 위치시켜서 배꼽 아래에 위치한 코어 부분에 몸의 중심을 둔다. 가슴은 발끝보다 1~2센티 정도 앞으로 나와 있어야 한다. 마지막으로 양쪽 어깨와 아래턱은 가볍게 이완시킨다. 이 기본자세는 두 사람이 함께 편안하고 아름답게 춤을 출 수 있는 공간을 만들어 준다.

탱고의 기본자세

가슴은 조금 앞으로

힙은 조금 뒤로

몸통의 단면

공간 만들기

탱고는 공간의 춤이다. 앞뒤 다른 커플과 조화롭게 추기 위해서도 공간이 필요하고 한 커플 사이에도 역시 공간이 필요하다. 먼저 아브라쏘를 하고 있는 두 팔의 양쪽 겨드랑이 사이에 공간이 있어야 하고 밀착된 가슴의 위쪽인 흉골병, 가슴 아래쪽인 명치와 골반 그리고 서로의 발 사이에도 공간이 필요하다. 이 공간을 이용하여 자유롭게 리드와 팔로우를 하면서 춤을 출 수 있게 된다.

공간 만들기

탱고의 황금률

탱고를 아름답게 추려면 2가지의 황금 규칙을 기억해야 한다.

첫째, 다음 걸음을 가기 전에 무릎과 뒤꿈치 안쪽을 스쳐야 한다.
이 황금률을 지키면서 걷게 되면 정확한 중심 이동이 가능해지고, 탱고의 중요한 미학인 엘레강스함이 돋보이게 된다.

둘째, 두 사람의 가슴이 서로 바라봐야 한다.
탱고의 모든 동작은 이 규칙을 근간으로 만들어졌다. 이 황금률을 지키면 춤추는 두 사람 사이의 커넥션이 강하게 만들어져 리드와 팔로우가 명확해 진다. 탱고의 중요한 감성인 "심빠띠꼬 Simpático"도 풍부하게 살아난다.

걷기에서 축과 중심의 이해

탱고에서 걷기는 무게 중심과 중심축이 동시에 같은 방향으로 이동하는 것을 의미한다. 걷기와 걷기 사이는 끊어지지 않고 자연스럽게 이어져야 하는데 마치 악보에서 음표와 음표 사이에 이음줄이 걸쳐진 것처럼, 레가토로 부드럽게 연결돼야 한다. 이때 발과 몸의 중심은 함께 직선으로 이동해야 하며 전후좌우 방향으로 걷는 것이 기본이다. 걷기를 잘 이해하기 위해서는 축과 중심의 개념을 먼저 이해해야 한다.

탱고에서 중심이란 한 사람 몸무게의 중심점을 의미하며 이 몸의 중심을 왼발이나 오른발 혹은 두 발 전체에 싣는 것을 뜻하기도 한다. 아무런 장비 없이 한 발로 외줄 타기를 하는 곡예사를 보면, 줄 위에 서 있는 그 한 발에 중심이 모두 실린 것을 볼 수 있다. 탱고 동작을 할 때에도 한쪽 발에 모든 중심을 싣고 있는 경우가 대부분으로, 걷기는 한쪽 발의 중심이 다른 쪽으로 이동하는 과정이다.

일반적으로 길을 걸을 때는 내딛는 발에 중심이 실려 있지 않다. 그래서 발이 먼저 도착한 후 몸통이 도착하여 몸의 중심이 뒤늦게 발에 실리게 된다. 탱고에서 걷기는 내딛는 발에 중심이 실려 있어야 한다. 그래서 발이 도착함과 동시에 몸의 중심도 함께 도착해야 하며 동시에 축도 같이 이동되어야 한다.

축은 회전이나 활동의 중심을 뜻하며, 보통 몸통을 위에서 아래로 수직으로 관통하는 중력의 방향과 일치한다. 탱고의 기본 자세는 이 축을 기준으로 근골이 잘 정렬된 상태이며, 축이 기울어지는 방향으로 움직이기 시작할 때 비로소 걷기가 시작된다.

평상시에 길을 걸을 때는 어깨가 기울어지거나 몸통이 기울어지는 등, 딱히 축의 정렬이 올바르지 않아도 보행에 무리가 없다. 그러나 탱고에서 걷기를 할 때는 진행 방향과 다른 방향으로 축이 기울어지면 리드와 팔로우가 어려워진다. 또한 축이 진행 방향으로 과하게 기울어지거나 반대 방향으로 기울어져도 걷기가 어려워진다.

축과 중심을 이용하여 춤추기

한 커플이 탱고를 출 때는 각각 자신의 중심과 축을 잘 조정하여 움직여야 한다. 내 중심을 상대방에게 기대거나 상대방의 중심을 흔들지 않도록 주의 해야 한다. 자신의 무게 중심은 코어 부분에서 잘 잡혀서 발바닥 아래로 내려가 있어야 한다. 탱고를 출 때 커플의 중심은 개개인이 1개씩 총 2개가 된다. 이 2개의 중심은 춤추는 동안 계속 유지돼야 한다.

중심축은 춤을 추면서 경우에 따라 1개에서 3개까지 형성된다.
빠우사를 할 때는 각각의 축이 하나씩 형성되어 2개가 되고, 걷기를 시작하면 두 사람의 축이 가운데로 모아져서 1개가 된다. 회전 동작을 할 때는 두 사람 사이에 회전축이 하나 더 생긴다. 따라서 축은 새로운 회전축 하나에 두 사람 각가의 축 1개씩이 더해져 총 3개가 형성된다.

걷기 스타일

탱고의 걷기 방식은 다양하지만 크게 뿐또 스타일과 따꼬 스타일로 분류된다. 뿐또는 발가락 끝부분, 따꼬는 뒤꿈치를 의미한다. 뿐또 스타일은 발가락 끝이 먼저, 따꼬 스타일은 뒤꿈치가 먼저 바닥에 닿는다. 뿐또 스타일은 춤의 미학이 강조되고 따꼬 스타일은 일반적인 걷기와 같아서 자연미가 돋보인다. 두 스타일을 혼용해서 사용하는 경우도 있다.

걷기 스타일은 무릎을 굽히는 정도에 따라서 구분되기도 한다. 길게 걷기를 선호하는 사람은 무릎을 많이 굽혀서 움직이고, 작은 스텝으로 추는 사람은 무릎을 조금 굽힌다. 하지만 둘 다 공통적으로, 무릎을 항상 굽히고 있거나 아예 굽히지 않거나 하지는 않는다. 초급자들은 걷기가 어색하고 뻣뻣한 경우가 많은데 이는 무릎의 사용이 자연스럽지 못하기 때문이다. 무릎의 사용은 춤을 부드럽고 자연스럽게 만들어 준다. 짧은 걸음을 걸을 때 무릎을 많이 굽히면 엉거주춤해 보이고, 큰 스텝을 할 때 무릎을 충분히 굽히지 않으면 중심이 불안정해진다.

춤을 추는 동안 무릎을 굽히는 정도는 크게 3가지로 나눌 수 있다. 다음과 같이 무릎의 높이를 조절하면 자연스럽고 편안하게 춤을 출 수 있다.

구분	무릎의 높낮이	무릎의 상태
서 있을때	가장 높음	완전히 편다.
걸을 때	중간	보폭에 따라 자연스럽게 굽힌다.
오초 등 피구라를 할 때	가장 낮음	바닥과 발바닥 사이에 장력이 작용하듯 안정감이 느껴지도록 무릎을 좀 더 굽힌다.

걷기의 시작

리더의 걷기는 가슴부터 시작되고 팔로워의 걷기는 발부터 시작된다. 남자의 리드가 가슴을 통해서 여자의 발끝에 전달되면 둘 사이에 커넥션이 생긴 것이다. 리더의 가슴이 앞으로 움직이면서 무릎이 굽혀지면 팔로워도 똑같이 무릎을 굽히면서 발을 뒤로 뻗기 시작한다. 리더의 중심이 앞으로 이동되는 것과 동시에 팔로워의 중심은 뒤로 이동하게 된다. 리더는 몇 걸음을 걸을지, 출발하기 전에 미리 팔로워가 인지할 수 있도록 리드해야 한다. 연속하여 걷기를 이어나갈 때에는 매 걸음마다 멈춤 없이 몸의 중심이 일정한 속도로 이동되어야 한다. 필요한 만큼 걷고 난 후 무릎을 펴서 탱고의 기본 자세로 돌아오면 걷기는 끝난다. 정확한 리드를 위해서는 걷기 시작할 때 아브라쏘를 풀어주고 멈출 때 좀 더 밀착해서 안아준다. 완전히 멈추고 난 후에는 원래의 편안한 아브라쏘로 돌아온다.

걷기 할 때 아브라쏘 활용법

아브라쏘 활용의 기본 원칙은 걷기를 할 때는 풀어주고 빠우사를 할 때는 더 안아주는 것이다. 리더는 걷기를 시작할 때 아브라쏘를 걷는 방향으로 살짝 풀어주어 이동을 시작하고 이동이 끝났을 때는 다시 밀착하여 안아준다. 팔로워는 리더의 아브라쏘를 카피하면 된다. 리더가 아브라쏘를 풀면서

걷기의 시작과 신체 부위별 진행 방향

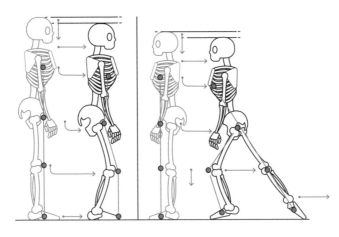

신체부위	리더	팔로워
가슴	↳	↳
엉덩이	↳	↳
무릎	↳	↓ ↦
발	⟶	⟶

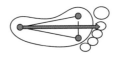

걷기 시작할 때 같이 아브라쏘를 풀어주고, 멈추려고 밀착해 안기 시작하면 같이 안고 빠우사의 자세로 돌아간다.

일반적으로 걷기와 빠우사를 할 때는 가슴이 밀착되는 것이 좋고 피구라를 할 때는 떨어지는 것이 좋다. 피구라가 끝나면 가슴을 다시 밀착시키며 빠우사를 한다. 가슴을 밀착할 때 상대방 쪽으로 기대거나 밀고 당기지 않는다. 탱고는 동행하는 춤이지 대립하는 춤이 아니다. 두 사람은 항상 같은 방향으로 에너지를 사용해야 한다.

탱고를 출 때 아브라쏘를 어떻게 하느냐에 따라 그 느낌은 천국과 지옥을 오 갈 수 있다. 아브라쏘는 열정적이고 부드러워야 한다. 그리고 기능적으로 정확해야 한다. 경직되고 힘만 들어가 있는 아브라쏘는 고통만 만들어 낼 뿐이다. 리더와 팔로워는 수시로 자신의 자세를 체크하며, 아브라쏘와 몸 전체를 사용하여 유연하게 춤을 추어야 한다. 거듭 말하지만 부드럽고 편안한 아브라쏘는 탱고 마스터의 필수 요건이다.

크로스 스텝

두 발이 가로질러 교차되는 모양의 크로스[5] 스텝이 생기면서 탱고의 피구라에 획기적인 변화가 시작되었다. 탱고 동작에 좀 더 섬세하고 다양한 피구라가 늘어났으며 춤의 완급을 통해 보다 아름답고 율동적인 표현도 가능해졌다. 재미와 즐거움이 배가되는 것은 물론 미학적인 측면에서도 진일보하는 계기가 됐다. 크로스는 "지나가다"라는 의미를 가지고 있다. 탱고에서 크로스는 자유로운 다리가 중심이 있는 다리를 지나서 두 발이 엇갈려 꼬여 있는 상태다. 두 발이 가깝게 놓이고 깊게 교차되는 것이 좋다.

---

5 크로스 : 스페인어로는 '끄루쎄 cruce'로 써야하지만 '크로스'라고 부르는 것이 일반화되었다.

오초 스텝

오초 스텝은 거의 모든 탱고 피구라의 기초 스텝이다. 현재의 탱고에서 오초
를 빼고 탱고를 춘다는 것은 상상하기 어려울 정도로, 몇 번을 강조해도 지
나치지 않을 중요한 스텝이다. 오초라는 스텝이 생겨나면서 탱고는 현대적인
모습으로 바뀌게 되고 무한한 시퀀스 창작이 가능해졌다.

오초 스텝은 걷기에 삐봇이 더해진 스텝이다. 오초 스텝을 할 때 발이 이동
하며 그리는 궤적이 숫자 8을 닮았다고 해서 오초라고 불린다. 앞으로 걸으
며 삐봇이 일어나는 스텝은 '오초 아델란떼 Ocho adelante', 뒤로 걸으며 삐봇
이 일어나는 스텝은 '오초 아뜨라스 Ocho atrás'이다. 오초 아델란떼를 할 때
는 삐봇을 많이 하는 것이 편하고, 오초 아뜨라스는 반대로 삐봇을 적게 하
는 것이 편하다. 이때 편하다는 의미는 상대방과의 커넥션이 깨지지 않는다
는 의미이기도 하다.

삐봇

삐봇은 한 발에 중심을 두고 방향을 바꾸거나 회전하는 것이다. 탱고는 기술적으로 걷기와 삐봇으로 이루어진다. 상급으로 레벨이 올라갈수록 정확하고 안정적인 삐봇이 필요하다.

삐봇을 할 때는 발바닥의 앞부분인 앞꿈치에 중심이 있어야 하지만 중심을 잃지 않으려면 발바닥 전체가 플로어에 닿아 있는 상태로 하는 것이 좋다. 특히 발가락 쪽이나 볼의 바깥 부분으로 중심이 옮겨가지 않도록 주의해야 한다. 삐봇을 할 때 균형을 잘 유지할 수 있는 비법은 무릎을 더 굽히고 발바닥으로 플로어를 누르면서 하는 것이다.

히로

탱고 상급레벨의 대표적인 피구라인 '히로 Giro'는 일정한 축을 중심으로 원을 그리면서 움직이는 회전 동작을 의미한다. 히로는 1939년경 까를로스 에스테베즈(일명 뻬뜨롤레오)와 까초 라반 디노가 테라스에서 도르래로 바구니를 들어 올릴 때, 바구니가 빙빙 돌아가는 것을 보고 착안하여 만든 스텝이다.

히로의 대표적인 동작은 남자가 가운데서 발동작을 하는 동안, 여자는 남자의 주위를 일정하게 반복되는 스텝으로 도는 것이다. 특히 팔로워가 바깥쪽에서 돌면서 히로를 할 때는 항상 오초 스텝과 사이드 스텝을 번갈아 가면서 해야 한다. 팔로워의 히로 스텝은 탱고에서 유일하게 의무적으로 지켜야 할 규칙이 있는 스텝이다.

팔로워의 히로는 오초 아델란떼→사이드 스텝→오초 아뜨라스→사이드 스텝, 혹은 오초 아뜨라스→사이드 스텝→오초 아델란떼→사이드 스텝 순으로 반복하며 진행되어야 한다. 히로를 시작하는 스텝은 오초 아델란떼 혹은 오초 아뜨라스 스텝 둘 다 가능하다.

다음 그림과 같이 리더의 주위를 정사각형으로 돌면서 히로 연습을 시작할 수 있다

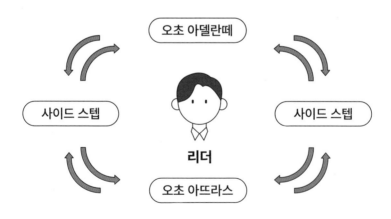

아브라쏘 상태에서 균형을 잃지 않고 히로를 잘 하려면, 히로를 시작하기 한 스텝 전에 서로 몸통이 떨어지도록 팔을 펴고 무릎을 필요한 만큼 많이 굽히면 된다. 히로가 끝나면 반드시 다시 가슴을 맞대고 아브라쏘를 가까이 하여 기본자세로 돌아온다.

탱고 한 곡 추기 구성의 법칙

탱고 한 곡을 잘 추려면 걷기, 빠우사, 피구라를 음악의 성격에 맞추어 적절히 배합하면 된다. 탱고 댄서의 입장에서 음악은 보통 뜨랑낄로, 모비도, 안티구오 3가지로 분류할 수 있다.

뜨랑낄로는 멜로디가 강한 곡으로 부드럽다. 이런 곡에는 걷기와 빠우사 70%, 피구라 30%로 구성하면 좋다. 모비도는 리듬과 비트가 강한 곡으로 움직임이 많아야 한다. 걷기와 빠우사 30%, 피구라 70%로 구성하면 적절하다. 안티구오는 크로스 스텝과 오초 스텝을 사용하지 않고 춘다.

Chapter.7 뮤지컬리티

탱고를 춘다는 것은 듣고 표현하는 일이다. 음악으로서의 탱고를 듣고 그 충만한 느낌과 감성을 춤으로서의 탱고로 승화하는 일이다. 그것은 거의 동시에 일어나는데 음악에 집중해 귀를 기울이다 보면 거기에 걸맞은 고유의 동작들이 자연스럽게 표출되는 것이다.

소셜 댄스는 다수의 사람들과 함께 같은 공간에서 같은 음악에 맞춰 춤을 추는 행위이다. 음악의 박자는 정해져 있고 프라쎄도 정해져 있다. 아무리 남다른 음악적 감수성을 가졌다 해도 탱고댄서는 그 음악의 범주에서 벗어날 수 없다. 탱고의 뮤지컬리티란 "음악이 요구하는 대로 추는 것"이다.

두 사람이 처음 만나서 즉흥적으로 즐겁게 탱고를 출 수 있는 이유는 같은 음악을 집중해서 듣고 춤을 추기 때문이다. 밀롱가에서 플로어를 볼 때 음악과 교감하여 춤을 추는 커플을 보면 자연스럽게 시선이 따라가고, 음악과 동떨어져 춤을 추는 커플은 외면하게 된다. 뮤지컬리티는 밀롱가 플로어에서 춤을 추고 있는 모든 사람에게 필요한 중요한 에티켓이기도 하다. 론다의 모든 커플이 꼼빠스와 프라쎄를 존중하며 춤을 춘다면 기억에 남을 만한 아름다운 장면이 될 것이다.

밀롱가에서 처음 듣는 곡이 나오더라도, 탱고 음악의 기본 박자와 프라쎄를 알면 당황하지 않고 출 수 있다. 더 나아가 뮤지컬리티의 기초 단계인 다양한 악단들의 특징을 구분할 수 있으면 탱고의 즐거움은 배가될 것이다. 밀롱가를 자주 다니거나, 악단별로 음악을 감상하는 시간이 많아지면 자연스럽게 각 악단의 특징을 인지할 수 있게 되며 선호하는 악단과 곡도 생기게 된다. 일반적으로 탱고인들이 뮤지컬리티를 배우는 과정은 다음과 같다.

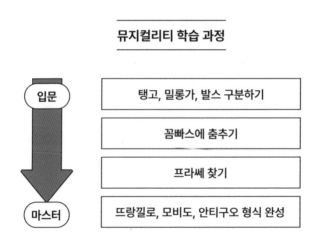

뮤지컬리티 학습 과정

입문 → 마스터

- 탱고, 밀롱가, 발스 구분하기
- 꼼빠스에 춤추기
- 프라쎄 찾기
- 뜨랑낄로, 모비도, 안티구오 형식 완성

뮤지컬리티가 생기고 나면 자신의 탱고 스타일에 맞는 딴다에만 춤을 추게 된다. 자신이 선호하는 악단과 좋아하는 곡들에 맞춰 춤을 출 때에 뮤지컬리티는 최적화된다.

탱고 vs 밀롱가 vs 발스

탱고 음악의 3가지 장르인 탱고, 밀롱가, 발스는 베이스 리듬으로 구분할 수 있다. 각 리듬마다 갖고 있는 까덴시아와 정서가 달라서 춤추는 모습도 다르게 보인다.

정서적인 차이

탱고의 리듬은 4박자이며 "강 - 약 - 중강 - 약"으로 구성된다. 정서적으로는 열정적이며 깊이감이 있다. 가사의 대부분은 사랑, 열정, 이별 혹은 노스탤지어를 노래한다. 춤을 출 때 빠우사를 가감하여 뮤지컬리티를 살리면서 엘레강스하게 춘다.

발스는 3박자 리듬으로 우아하면서도 경쾌하다. 사랑의 시작과 절정을 느낄 수 있는 곡들이 대부분이며, 가사 또한 숨길 수 없는 사랑의 기쁨을 표현하거나 사랑하는 이를 찬미하는 내용이 많다. 이런 이유로 결혼식과 생일파티 등 누군가를 축하할 때 발스를 춘다. 박자가 빠르고 빠우사가 거의 없기 때문에 회전동작을 많이 사용한다.

밀롱가는 2박자의 리듬으로 탱고, 발스와는 확연히 구분되는 특유의 탄력성을 느낄 수 있다. 유머와 해학을 담고 있는 가사와 흥겨운 리듬으로, 춤을 출 때는 신나게 웃으면서 추는 것이 중요하다. 밀롱가 춤을 어떻게 춰야 하는지 표현할 때 "쑤시오"하게 추라고 이야기한다. 쑤시오는 더럽다는 의미이다. 탱고를 출 때는 엘레강시아가 중요하지만 밀롱가를 출 때는 흥겹게 움직이는 것이 더 좋다는 의미이다.

리듬의 차이

탱고는 베이스 리듬이 일정한 간격을 유지하지만, 밀롱가는 첫 박이 길고 두 번째가 짧아진다. 발스는 일정한 3박자 리듬이 연속된다.

탱고, 밀롱가, 발스 리듬 비교

기준박자	1		2		3		4	
탱고								
리듬	강	약	중강	약	강	약	중강	약

	1	2	3	4	5	6	7	8
밀롱가								
	뿜-	치 뿜	치 뿜-	치 뿜	치 뿜-	치 뿜	치 뿜-	치 뿜 치

	1		2		3		4	
발스								
	쿵	작	작	쿵	작	작	쿵	작 작 쿵 작 작

꼼빠스에 춤추기

뮤지컬리티의 기초는 꼼빠스에 춤추는 것이다. 꼼빠스는 박자를 뜻하며, 박자를 맞추는 것이 뮤지컬리티의 기본이다. 탱고 오케스트라에서 박자는 콘트라베이스가 담당한다. 이 악기의 소리는 무겁게 바닥에 깔려서 자칫 가수의 노래나 멜로디에만 집중하다 보면 박자와 박자 사이를 애매하게 밟는 오류를 범하기 쉽다. 춤에서 박자는 지켜져야 할 약속과도 같다. 뮤지컬리티를 향상시키려면 발로 박자를 연주하듯 걸으면서 박자를 밟는 습관을 들여야 한다. 꼼빠스의 황제[6]라 불리는 다리엔소의 음악은 꼼빠스가 정확하고 박자가 잘 들린다.

탱고 리듬

탱고의 리듬은 "강 - 약 - 중강 - 약" 이다. '강'과 '중강'이 기준 박자이며 "띠엠뽀"라고 한다. 띠엠뽀를 기준으로 두 배 빠른 박자를 '도블레 띠엠뽀', 두 배 느린 박자를 '메디오 띠엠뽀'라고 한다. 띠엠뽀를 '한 박자', 메디오 띠엠뽀를 '두 박자' 라고 표현하기도 한다. '강- 약'의 순서가 바뀌어 '약 - 강'으로 시작하는 박자를 '꼰뜨라 띠엠뽀'라고 한다. 첫 박이 약해지면서 짧아지고 두 번째 박자가 길어져서 당김음의 효과가 나게 되어 '싱코팟'이라고 부르기도 한다.

---

6 꼼빠스의 황제 El rey del compás : 초창기 리듬이 빠르고 활기찼던 탱고 음악은 땅고 침체기를 지나면서 부드러운 리듬으로 전환돼 갔다. 그에 따라 춤도 서정적이고 우아한 동작 위주로 발전했지만 퇴색해 버린 초기의 역동성과 활기는 댄서들에게 늘 아쉬운 부분이었다. 다리엔소는 멜로디와 노래가 두드러지고 리듬은 뒤에 묻혀버린 이러한 현실을 개탄하며 초창기 땅고 음악이 갖고 있는 리듬을 되살려냈다. 덕분에 댄서들의 춤도 다시 활기를 찾게 되었으며 보다 풍성한 땅고의 향연을 즐길수 있게 되었다. 다리엔소는 '꼼빠스가 없는 것은 탱고가 아니다.'라고 강조했다.

탱고 리듬 비교

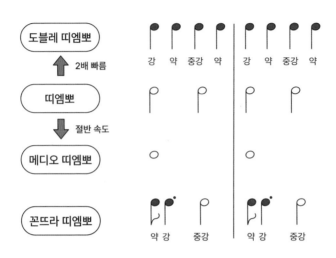

탱고를 출 때 이 4가지 박자가 가장 많이 사용된다. 가끔 '도블레 띠엠뽀' 보다 2배 빠른 스텝을 하거나 '메디오 띠엠뽀'보다 느린 스텝을 하기도 한다.

밀롱가 리듬

밀롱가의 베이스 리듬은 "뿜—치 뿜치" 소리를 낸다. '뿜'은 강하고 '치'는 약 하다. 강약이 뚜렷하게 대비되는 악센트가 밀롱가 리듬의 특징이다. 강한 박 자인 '뿜'이 기준 박자가 되며 '띠엠뽀'가 된다. 가끔은 길고 짧은 리듬이 아니라 일정한 리듬이 들리기도 하는데, 이 리듬은 '도블레 띠엠뽀'이다. 밀롱 가의 상징적인 리듬은 '뜨라스삐에'다. '뜨라스삐에'는 원래 박자를 뜻하는 용어가 아니라 발을 뒤로 당겨오는 특정 스텝을 말하는 용어였다. 다른 의미 로는 자기 발에 걸려 넘어지는 것을 뜻하기도 했다. 이런 동작들이 자연스럽 게 리듬으로 굳어져 '뜨라스삐에'는 박자를 일컫는 용어로도 정착되었다.

밀롱가 리듬과 띠엠뽀

밀롱가 리듬과 도블레 띠엠뽀

밀롱가 리듬과 뜨라스삐에

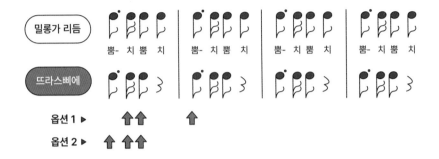

발스 리듬

발스의 리듬은 흥겨운 "쿵작작" 소리를 낸다. 세 가지 장르 중에 가장 규칙적이고 일관된 박자이며 '쿵'이 기준 박자가 된다. 보통은 '쿵작작' 세 박자 중에 주로 한 박자 혹은 두 박자를 사용한다. 특정 부분에서는 세 박자 모두를 사용하기도 한다. 발스를 출 때 사용할 수 있는 박자는 다음과 같다.

띠엠뽀와 발스 리듬

프라쎄와 빠우사

탱고, 밀롱가, 발스 모두 '8 띠엠뽀'가 '쎄미-프라쎄'이다. 쎄미-프라쎄는 한 소절의 개념이며, 댄서에게는 춤의 기본적인 호흡 단위이다. 8 띠엠뽀가 두 번 반복되면 한 프라쎄가 완성되고 마지막 부분에는 큰 빠우사가 있다. 탱고의 경우 쎄미-프라쎄 끝에는 대부분 콘트라베이스의 리듬이 사라진다. 대신 다른 악기들이 쎄미-프라쎄의 끝을 장식하기도 한다.

쎄미-프라쎄가 시작될 때를 찾아 움직이면 음악의 흐름과 같이 춤을 출 수 있게 된다. 쎄미-프라쎄 앞부분인 처음 4박자는 시작하는 느낌을 주고, 뒷부분의 4박자는 끝나는 느낌을 준다. 또한 앞부분은 올라가는 느낌, 뒷부분은 내려오는 느낌을 주며 앞부분은 질문, 뒷부분은 답변에 비유되기도 한다.

탱고의 프라쎄

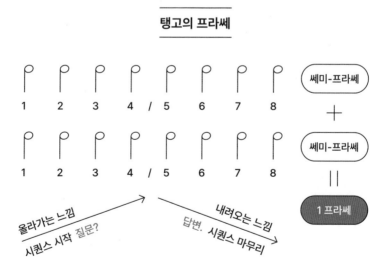

117

• 일반적으로 "땅고 데 쌀론"을 출 때는 띠엠뽀로 카운트한다. 걸을 때 가장 많이 사용하는 박자가 띠엠뽀이고, 쎄미-프라쎄 끝부분의 빠우사를 찾기 쉽기 때문이다. 하지만 4/4박자의 4분음표를 기준으로 카운트를 하면 도블레 띠엠뽀가 된다. 안무를 구성할 때에는 도블레 띠엠뽀를 기준으로 8박자를 카운트하는 것이 더 효율적이다.

• 탱고를 추는 사람에게 필요한 음악적 지식은 꼼빠스와 프라쎄가 전부이다. 꼼빠스가 잘 들리지 않는다면 콘트라베이스가 잘 들리는 곡을 틀어놓고 소리 내어 카운트해 보기를 추천한다. 반복하다 보면 굳이 세지 않아도 자신이 프라쎄의 어디에 있는지 알게 되고, 이 단계가 되면 프라쎄에 맞게 춤을 출 수 있게 된다.

• 연습곡으로 디살리 악단의 'Bahía blanca'를 추천한다. 모든 프라쎄가 예외없이 16 띠엠뽀로 구성되어 있고, 각 쎄미-프라쎄의 전반, 후반이 뚜렷한 대비를 보인다. 쎄미-프라쎄마다 8번째 띠엠뽀에 빠우사도 명확하다. 이 곡은 탱고의 음악 형식이 완벽한 명곡이므로 이 곡에 맞춰 프라쎄와 빠우사를 연습하면 탱고의 형식을 몸에 익히는 데 큰 도움이 된다.

• 리듬이 강하고 빠른 곡을 연습하려면 다리엔소 악단의 'El flete'를 추천한다. 리드미컬한 탱고의 완벽한 구조를 갖추고 있는 명곡이다. 각 프라쎄를 나누어 전반부 쎄미-프라쎄 8 띠엠뽀는 질문, 후반부 쎄미-프라쎄 8 띠엠뽀는 답변이라고 상상하며 들어보면 더욱 흥미롭다.

쎄미 - 프라쎄 카운트 연습

1	2	3	4	5	6	7	8
하나	둘	셋	넷	다섯	여섯	일곱	여덟
우노 (Uno)	도스 (Dos)	뜨레스 (Tres)	꽈뜨로 (Cuatro)	싱꼬 (Cinco)	쎄이스 (Seis)	씨에떼 (Siete)	오초 (Ocho)

프라쎄와 빠우사 연습

쎄미-프라쎄와 빠우사를 지키는 습관은 뮤지컬리티 향상에 중요하다. 빠우사는 음악에 따라서 개인마다 다르게 표현할 수 있지만, 기본적으로 띠엠뽀에 한 걸음씩 걷고 빠우사를 찾는 연습을 한다. 걸을 때는 띠엠뽀에 밟고, 빠우사를 할 때에는 두 발을 가지런히 모으고 무릎을 쭉 편다. 빠우사의 길이는 짧게는 1박자, 길게는 4박자 이상도 사용할 수 있다.

깜비오 디나미까

걷기를 잘 하고 5가지 이상의 피구라를 구사하는데도 뭔가 피구라의 가지수가 부족함을 느낀다면 "깜비오 디나미까"[7]가 필요하다는 신호이다. 일단

---

7 디나미까 dinámica : 동적, 움직임

빠우사 연습

1단계 - 짧은 빠우사 찾기

우노　　도스　　뜨레스　　[빠우사]　, 싱꼬　　쎄이스　　씨에떼　　[빠우사]　　**쎄미-프라쎄 반복**

2단계 - 중간 빠우사 찾기

우노　　도스　　뜨레스　　[빠우사]　, 싱꼬　　쎄이스　　[빠우사] [빠우사]　　**쎄미-프라쎄 반복**

3단계 - 큰 빠우사 찾기 = 프라쎄 종료하기

우노　　도스　　뜨레스　　[빠우사]　, 싱꼬　　쎄이스　　[빠우사] [빠우사]

우노　　도스　　뜨레스　　[빠우사]　, 싱꼬　　[빠우사] [빠우사] [빠우사]　　**프라쎄 반복**

프라쎄와 빠우사를 지키는 것으로도 피구라의 부족함은 크게 해결되지만 이것에 더해 디나미까에 변화를 준다면 확실한 효과를 얻을 수 있다. 깜비오 디나미까는 동작의 빠르기와 강약을 조절해서 춤에 변화를 주는 것을 뜻한다. 춤에 생동감을 넣어주고 춤추는 사람과 보는 사람 모두에게 즐거움을 주는 효과가 있다.

디나미까에 변화를 주는 방법은 개개인의 음악적 감성에 따라 달라질 수 있다. 먼저 프라쎄 단위로 디나미까를 바꿀 수 있다. 예를 들면 부드러운 프라쎄 전체를 느린 히로 시퀀스로 채우고, 강하고 리드미컬한 프라쎄를 다양한 걷기 피구라로 구성한다. 전체적으로 부드러운 음악일 경우 빠르고 강한 프라쎄를 찾아서 포인트를 줄 수 있다. 반대로 리드미컬한 음악일 경우 급격히 부드러워지는 아다지오 프라쎄를 찾아서 포인트를 줄 수 있다. 이렇게 음악에 따라 동작의 빠르기와 강약을 조절할 수 있다면 깜비오 디나미까의 효과를 극대화할 수 있다.

사용하는 박자에 계속 변화를 주어서 세부적으로 디나미까를 바꿀 수도 있다. 한 가지 박자만 계속 사용한다면 지루하고 단조로워진다. 반면 하나의 피구라만으로 춤을 추더라도 띠엠뽀, 도블레 띠엠뽀, 꼰뜨라 띠엠뽀, 메디오 띠엠뽀 등을 섞어 박자에 변화를 준다면 매번 춤이 새롭게 느껴진다.

한 프라쎄를 기준으로 다음과 같이 걷기의 속도를 바꿔가며 춤을 춰보고 성공했다면 자주 사용하는 피구라를 여기에 맞추어 적용해 보자. 그다음에는 창의적으로 박자를 바꿔가며 춤을 춰보도록 하자. 이 연습을 반복하면 의심할 여지 없이 최고의 뮤지컬리티를 갖게 된다.

깜비오 디나미까 연습 (속도 바꾸기)

탱고 뮤지컬리티

소셜 탱고에서는 음악을 크게 뜨랑낄로, 모비도, 안티구오 3가지로 분류할 수 있다. 좋은 뮤지컬리티는 각각의 특성에 맞게 변화를 주며 추는 것이다. 뜨랑낄로는 빠우사와 엘레강시아가 가장 중요하고 모비도는 에너지 있게 추는 것이 중요하다. 안티구오는 심빠띠꼬하게 추는 것이 좋다.

구분	뜨랑낄로 Tranquilo	모비도 Movido	안티구오 Antiguo
특징	차분한 곡	동적인 곡	고전적인 곡
대표 악단	디살리 / 뿌글리에세	다리엔소	까나로

뜨랑낄로

뜨랑낄로는 차분한 느낌으로 빠우사가 많고 멜로디가 강조된 부드러운 탱고 곡을 의미한다. 대표적인 악단으로 디살리 Carlos Di Sarli 와 뿌글리에세 Osvaldo Pugliese, 깔로 Miguel Caló 가 있다.

뜨랑낄로 한 곡을 출 때 70%는 걷기와 빠우사를 하고 30%는 피구라를 하는 것이 좋다. 피구라를 할 때는 히로와 상구치또 등의 4~5개의 시퀀스를 적절히 배합하면 된다. 일반적으로 베이직 스텝을 끝내면 여자의 크로스 스템이 일어나며 자연스럽게 걷기 부분이 끝나고 빠우사가 이어진다. 소셜 탱고를 출 때는 2~3보 전진하고 이후 빠우사를 하는 것이 론다를 지키기에 좋다.

뜨랑낄로를 추는 형식의 예를 살펴보자.

첫 번째 베이직 스텝이 끝나면 여자의 크로스를 풀고 1~2 걸음 더 움직인 다음 빠우사를 한다. 두 번째 베이직 스텝이 끝나면 빠우사가 이어지고 이후 피구라를 한다. 피구라가 끝나면 빠우사를 하고 걷기를 이어나가면 된다. 이때 피구라가 계속 이어지지 않도록 주의해야 한다. 걷기와 걷기 사이, 걷기와 빠우사 사이, 빠우사와 피구라 사이는 항상 부드럽게 이어져야 한다. 걷기가 끝나면 빠우사를 하고 피구라를 한다. 피구라가 끝나면 가깝게 안고 다시 빠우사를 한다. 그리고 다시 걷기가 시작된다.

춤의 중간에 한두 번의 긴 빠우사를 넣어주면 뜨랑낄로의 형식이 완성된다. 빠우사는 춤을 엘레강스하게 만들어 주는 중요한 요소이기 때문에 잘 활용하여야 한다. 걷기와 빠우사, 피구라를 연결하다 보면 자연스러운 율동감이 생기는데 이것을 까덴시아라고 한다. 까덴시아는 춤의 높낮이를 형성하며 자연스럽고 부드럽게 춤을 이어나갈 수 있게 도와준다. 뜨랑낄로는 걷기, 빠우사, 까덴시아가 가장 돋보이는 형식이고, 이렇게 추는 스타일을 "땅고쌀론"이라고 한다.

모비도

모비도는 동적인 곡을 의미하며, 리듬이 강하고 빠우사가 적은 곡이다. 다리엔소 Juan D'Arienzo 악단이 대표적이고 이외에도 뜨로일로 Anibal Troilo, 딴뚜리 Ricardo Tanturi 등의 악단에서도 모비도의 특징을 찾을 수 있다.

모비도는 움직임이 많다는 뜻이다. 빠우사가 줄어들면서 자연스럽게 스텝의 수가 늘어나게 되어 움직임이 많아진다. 모비도를 추는 형식은 뜨랑낄로를 추는 형식과 대비되어, 빠우사가 줄어들고 피구라가 늘어난다. 걷기와 빠우사를 30%, 피구라를 70%의 비율로 구성하는 것이 이상적이다. 피구라는 사까다 도블레, 볼레오, 간초 및 히로 등을 조합하여 8~10개 시퀀스로 구성하면 적당하다. 전진 스텝으로 2~3 걸음을 걷고 나면 피구라를 2번 한다. 연속된 피구라 사이에는 빠우사를 넣어서 2개의 피구라가 이어지지 않도록 하는 것이 좋다.

걷기 스타일과 느낌도 뜨랑낄로와 달라져야 한다. 뜨랑낄로를 출 때는 걷기와 걷기 사이를 길게 이어서 걷고, 모비도를 출 때는 걷기와 걷기 사이를 짧게 이어서 톡톡 끊는 느낌으로 이어나가야 한다. 모비도 걷기에서는 리듬이 느껴져야 하며 이렇게 잘게 다지듯이 걷는 것을 "삐까디따 Picadita"하게 걷는다고 한다.

모비도를 출 때는 피구라의 수가 늘어나게 된다. 따라서 까덴시아의 변화는 크지 않고 대신 몸을 더 활동적으로 움직이며 에너제틱하게 추게 된다. 이를 "후가르 Jugar"[8]라고 한다. 움직임이 많은 만큼 에너지의 활력과 크기를 조절하는 것이 중요한데, 뜨랑낄로보다 엘레강시아가 조금 떨어질 수 있지만 강하고 신나게 추는 것이 모비도를 잘 추는 방법이다. 이때 순간적으로 강력한 에너지를 발산하는 것도 필요하다.

안티구오

안티구오는 1939년 이전의 탱고를 지칭하는 것으로 두 박자의 단순한 리듬으로 구성된 곡들이다. 이 곡들은 1940년대 이후의 곡들과 달리 애잔하고 귀여운 느낌을 준다. 이런 느낌을 "심빠띠꼬 Simpático 하다."라고 표현한다. 대표 악단으로 까나로 Fracisco Canaro, 피르뽀 Roberto Firpo, 로무또 Francisco Lomuto 등이 있다. 그 중 까나로의 뽀에마 Poema 와 인비에르노 Invierno 는 지금도 큰 사랑을 받는 안티구오 음악이다.

안티구오는 단순하게 추는 것이 좋다. 크로스 스텝을 하지 않는 것이 주요 특징이며, 삐봇과 오초 스텝도 거의 없다. 무릎은 거의 굽히고 있기 때문에 상하로 움직이는 까덴시아는 적어지고, 대신 어깨가 좌우로 움직이는 좌우

---

8 후가르 jugar : 놀다. 탱고는 하나의 '후에고 juego(놀이)'이다.

까덴시아를 사용하게 된다. 피구라 대부분은 걷기로 구성되며 토르시온이 거의 없어서, 삐봇 없는 오초를 자주 하게 된다. 안티구오는 심빠띠꼬함이 생명이다.

바리아시온

탱고 곡의 후반부 혹은 일부 중반부에 모든 악기가 속도를 올리며 절정에 다다르는 부분을 "바리아시온 Variación"이라고 한다. 론다를 지키며 빠른 도블레 띠엠뽀 박자에 맞추어 바리아시온을 하기 위해서는 제자리에서 사용할 수 있는 피구라가 필요하다. 거의 대부분 히로를 베이스로 추는데, 제자리에서 하는 것은 물론이고 여자가 남자 주위를 재빠르게 돌며 다이나믹함을 표현할 수 있기 때문이다. 여기에 간초, 볼레오 등을 추가하면 바리아시온의 완성도가 높아진다. 즉흥 탱고를 위한 마지막 관문은 바리아시온을 준비하는 일이며, 오랜 숙련 기간이 필요한 탱고 테크닉의 결정체라고 볼 수 있다. 바리아시온의 기초 구성법은 다음과 같다.

먼저 양쪽 방향의 히로를 이용하여 한 프라쎄를 소화할 수 있는 기초 시퀀스를 만든다. 바리아시온이 두 프라쎄일 경우에는 두 번 반복하면 된다. 그 다음 두 번째 시퀀스에 볼레오나 간초를 추가하여 변화를 주면, 자신의 바리아시온을 완성할 수 있다. 이외에도 엔로스께, 쁠라네오, 바따다, 바리다 등 자신의 실력에 맞는 남녀의 피구라를 섞을 수 있다. 바리아시온은 탱고를 추는 커플의 개성을 드러낼 수 있는 가장 좋은 부분이기도 하다.

뿌글리에세와 다리엔소 악단의 연주곡에서 많은 바리아시온을 찾아볼 수 있는데 보통 한 프라쎄 길이가 일반적이다. 간혹 쎄미-프라쎄의 짧은 것도 있다. 공연을 하기에 가장 좋은 바리아시온의 길이는 2개의 프라쎄이다. 다리엔소 악단의 "엘 플레떼 El flete"와 디살리 악단의 "엘 초클로 El cholo"의 바리아시온은 2프라쎄이다. 하지만 곡의 템포 때문에 전자는 30초, 후자는 34초가 소요되어 "엘 초클로 El cholo"의 바리아시온이 더 빠르고 길게 느껴진다.
바리아시온이 긴 곡을 연습해 두면 안무나 공연 등에서 유용하다. 뜨로일로 악단의 "께하스 데 반도네온 Quejas de bandoneón"은 바리아시온이 무려 3개의 프라쎄이며 길이가 50초나 된다. 연속되는 바리아시온이 가장 긴 곡이다. 라우렌스-까사스의 "아무라도 Amurado"는 바리아시온이 중반부와 후반부에 두 번으로 나누어져 있다. 총 2분 24초의 곡 중에 바리아시온 파트가 총 60초이다.

이렇게 뜨랑낄로, 모비도, 안티구오 3가지 분류에 따라서 춤추는 형식을 익히고, 바리아시온까지 완성하고 나면 어떤 곡이 나와도 즉흥으로 탱고를 출수 있게 된다. 탱고 음악의 도입부만 들어도 뜨랑낄로, 모비도, 안티구오 중어떤 형식으로 추어야 할지 즉시 알 수 있을 것이다.

밀롱가 뮤지컬리티

밀롱가 스텝은 오초와 크로스 스텝을 거의 사용하지 않기 때문에 탱고에 비해 단순하다. 대부분의 스텝이 전후좌우로 걷기와 제자리에서 발을 바꾸는 스텝의 조합이다. 특히 하나의 쎄미-프라쎄에 한 가지 스텝을 반복하는 경우가 많다. 탱고는 앞으로 진행하며 이동이 많은 반면, 밀롱가는 제자리에서 스텝을 반복하는 경우가 많아 이동이 적다.

밀롱가 춤의 형식적인 특징은 다음과 같다.

- 무릎을 조금 더 굽히고 춘다.
- 조금 더 가깝게 안는다.
- 즐겁게 웃으며 춘다.
- 어깨의 좌우 까덴시아가 있다.

밀롱가는 추는 방식에 따라 밀롱가 리사와 밀롱가 꼰 뜨라스삐에로 나눌 수 있다.

구분	밀롱가 리사 Milonga Lisa	밀롱가 꼰 뜨라스삐에 Milonga con Traspie
추는 형식	띠엠뽀만으로 추기	뜨라스삐에 사용하며 추기

까나로 악단의 1935년경 밀롱가 음악이 리사 형식으로 추기에 잘 어울린다. 느린 박자에 두 박자 리듬이 잘 들려 띠엠뽀로 추기에 좋고, 특징적인 파트에서 뜨라스삐에나 도블레 띠엠뽀를 사용하기에도 좋다.

밀롱가 꼰 뜨라스삐에는 1940년대의 다리엔소, 디살리, 뜨로일로, 딴뚜리 등 많은 악단에서 찾아볼 수 있다. 꼰 뜨라스삐에를 출 때, 한 곡 전체를 뜨라스삐에로 추는 것은 반드시 피해야 한다. 최소 50%까지는 리사로 추고 뜨라스삐에 박자가 두드러지는 파트에만 빠른 스텝을 쓰는 것이 효과적이다. 밀롱가를 출 때에도 프라쎄를 잘 지킨다면 음악의 흐름을 쉽게 탈 수 있다. 밀롱가는 빠우사가 없기 때문에 다음의 2가지 방법으로 프라쎄를 지킬 수 있다.

- 쎄미-프라쎄 혹은 프라쎄마다 스텝 종류를 바꾼다
- 쎄미-프라쎄 혹은 프라쎄마디 춤의 리듬을 바꾼다

밀롱가의 프라쎄

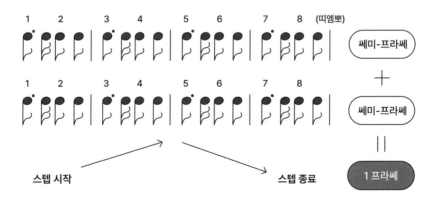

밀롱가는 리듬을 즐기는 춤이다. 탱고에 비해 리듬이 뚜렷하고 탄력적이기 때문에 박자를 놓치면 춤추기 힘들어진다. 리듬을 잘 타지 못하면 노동이 될 수도 있다. 단순하고 쉬운 스텝으로 띠엠뽀를 찾고 프라쎄를 찾는 연습이 충분히 되어 있어야 밀롱가를 잘 출 수 있다. 리듬을 놓쳤을 경우에는 가장 단순한 스텝 한 가지를 반복하며 프라쎄의 시작을 찾으면 된다.

밀롱가를 출 때 깜비오 디나미까를 주는 기본적인 방법은 강-약의 악센트를 살리면서 추는 것이다. 그리고 띠엠뽀, 도블레 띠엠뽀, 뜨라스삐에를 섞어서 사용해 주면 몇 가지 스텝만으로도 밀롱가를 충분히 즐길 수 있다.

밀롱가의 악센트

강   약   **중강**   약   **강**   약   **중강**   약

탱고, 밀롱가, 발스 중에 가장 엘레강시아가 떨어지는 장르가 바로 밀롱가이다. 밀롱가를 출 때는 우아함보다는 "후가르"에 더 초점을 맞춰야 한다. 리듬을 타며 엉덩이도 움직일 수 있고, 어깨도 움직일 수 있다. 이런 느낌을 "쑤시오"하다고 표현한다. 좀 지저분해도 용납이 된다는 뜻이다. 하지만 두 발이 모일 때만큼은 깔끔하게 모아야 한다.

발스 뮤지컬리티

"쿵작작" 세 박자로 이루어진 발스는 강세가 있는 첫 박자만 사용하여도 춤을 출 수가 있다. 프라쎄의 끝에 빠우사가 없어서 프라쎄를 닫아주는 형식으로도 프라쎄를 지킬 수 있다. 프라쎄가 끝날 때, "쿵작작쿵~"하며 박자를 치는 것을 듣고 함께 스텝이나 꾸밈 동작을 함으로써 프라쎄를 닫을 수 있다. 발스는 탱고를 출 때 사용하는 피구라를 그대로 사용할 수 있다. 발스의 리듬을 적용하고 1, 1- 2, 1- 3, 1- 2- 3 박자를 섞어서 사용하면 된다.

속도가 빠르고 빠우사가 없기 때문에 전진하는 걷기보다는 회전 형태의 피구라를 많이 써야 한다. 양쪽 방향의 히로를 잘 한다면 발스를 추기에 유리하다. 빠라다 등의 멈추는 피구라는 피하는 것이 좋다. 원형으로 돌면서 물 흐르듯이 유연하게 추는 것이 발스의 형식이다.

발스의 프라쎄

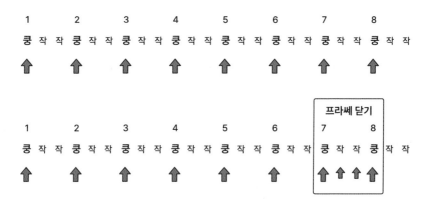

Chapter.8 　탱고 마스터의 비밀

탱고를 잘 추는 방법은 단순하다. 너무나 단순해서 사람들은 그 방법을 귀
담아 듣지 않고, 쉽게 무시하며 지키지 않는다. 실천하지 않으므로 그 단순
한 방법들이 오히려 비밀이 되었다.

Simple is the best. "탱고는 단순한 춤이다. 그러나 쉽지 않다." 탱고에서 기
본은 처음이자 끝이다. 그렇기에 배우고 익히는 데 오랜 시간이 필요하다.
인내심을 갖고 꾸준히 탱고 최고의 비밀들을 연습하면 탱고 마스터의 길은
멀지 않을 것이다.

바닥에 가라앉기 - 비엔 알 삐소 Bien al piso

탱고는 플로어와의 커넥션[9]이 중요한 춤이다. 바닥에 잘 가라앉아 있는 것을
"비엔 알 삐소"라고 한다. 꼿꼿한 자세로 날렵하게 움직이는 젊은 댄서의 춤
보다 구부정하고 둥글둥글한 몸으로 신중하고 묵직하게 한 발 한 발 내딛는
노장의 춤이 더 감동을 주는 것이 탱고다. 땅의 에너지를 느끼고 그 힘으로
춤을 추는 것이 "비엔 알 삐소"다.

---

9 플로어와의 커넥션 : 플로어를 지그시 밟으며 추는 춤인 땅고와 대비해서 공중 곡예처럼 두 발이
모두 바닥에서 떨어지는 동작을 하는 에쎄나리오 땅고를 '땅고 알 아이레 Tango al aire'라고 표현하
기도 한다. '공중에서 추는 땅고'라는 뜻이다.

빠우사하며 춤추기 - 바일라르 꼰 라 빠우사 Bailar con la pausa

빠우사는 탱고의 생명과 같다. 누구나 숨을 쉬어야 살 수 있듯 음악도 숨을 쉬어야 하고, 춤도 숨을 쉬어야 한다. 프라쎄가 시작될 때 걷거나 피구라가 시작되고 프라쎄가 끝날 때 빠우사를 한다. 이렇게 음악과 하나가 되면 춤추는 사람과 보는 사람 모두가 한 호흡을 타며 탱고에 흠뻑 빠져들게 된다. 춤의 시각적인 면을 위해서도 빠우사는 중요하다. 빠우사가 없으면 모든 동작들의 시작과 끝이 모호하게 뒤섞여 무엇을 하는지 잘 보이지 않게 된다. 따라서 피구라 하나를 마칠 때는 반드시 빠우사를 해야 한다.

대부분의 피구라들은 프라쎄에 맞도록 만들어졌다. 피구라의 시작을 음악과 맞추지 못한다면 끝도 프라쎄를 맞추지 못하게 된다. 이럴 때 춤을 추는 당사자는 물론 보는 이마저 불안감을 느끼게 된다. 우리가 말할 때 상대가 더 잘 이해하도록 또박또박 말하고 중간중간 쉼표와 마침표를 찍듯, 춤을 출 때도 무엇을 하고 있는지 잘 보여주기 위한 노력이 필요하다.

빠우사를 하는 동안 아브라소와 커넥션을 재정비할 수 있다. 새로운 프라쎄를 준비하며 리더는 어떤 피구라를 이어나갈지 계획도 세울 수 있다. 반면 여자에게 빠우사는 예뻐지는 시간이 되기도 한다. 다음에 뭘 할지 생각하는 것은 남자의 몫이므로 여자는 빠우사를 즐기며 예쁜 장식 동작들로 프라쎄의 끝을 마무리할 수 있다. 이런 장식 동작들을 "아도르노 Adorno"라고 한다. 프라쎄를 시작하는 것은 남자이고 마무리하는 것은 여자라고도 하는데,

보통 꾸밈음이 시작하는 7번 박자에 아도르노를 시작해서 8번 박자에 마치는 것이 좋다. 이렇게 하면 남자가 다음 프라쎄를 시작하는 것을 방해하지 않고 함께 춤출 수 있다.

빠우사의 어원은 '멈추어 쉬기'이지만 얼음처럼 굳어 있어서는 안 된다. 기본적인 빠우사는 발로 바닥을 누르고 무릎을 완전히 펴야하는 능동적인 동작이다. 특히 무릎이 완전히 펴져야 안정적인 빠우사 상태가 된다. 스텝을 옮기지 않고, 자유로운 다리로 바닥에 작은 원을 그리거나 남자의 상체 리드로 여자의 자유로운 다리를 꼬리치듯 유도할 수도 있다. 네 개의 다리가 완전히 멈춰 있는 것은 좋은 빠우사가 아니다. 파도가 출렁이듯이 빠우사를 하는 동안 제자리에서도 춤의 물결이 일어야 한다.

보통 1곡의 차분한 탱고를 출 때, 4박자 정도의 긴 빠우사를 2번 정도 사용하기를 권장한다. 3박자의 빠우사도 좋다. 2박자 길이의 빠우사는 동적인 곡에서는 잘 어울리지만, 차분한 곡에서는 조금 부족할 수 있다.

율동성 - 까덴시아 Cadencia

까덴시아는 시와 음악에서 선율, 운율 등으로 표현되고 탱고에서는 율동으로 표현될 수 있다. 탱고에 생명력을 불어넣어주는 중요한 요소로서 다니엘 나꾸치오 & 크리스티나 소사는, 까덴시아는 춤에 심장을 넣어 주는 것과 같다고 이야기한다. 까덴시아는 춤의 높낮이를 통해 표현되는데 특히 소셜 댄스 탱고에서는 이러한 높낮이의 변화가 미학의 중요한 요소가 된다.

까덴시아는 무릎을 완전히 펴는 "빠우사 높이", 무릎이 자연스럽게 굽혀지는 "걸을 때 높이", 최대한 안정되도록 무릎을 많이 굽히는 "피구라 높이"로 이루어진다. 이 3가지의 높이가 반복되며 만들어지는 춤의 율동을 까덴시아라고 한다.

까덴시아가 없이 같은 높이로만 움직임을 이어가면 춤이 단조로워지고 금방 지루해진다. 까덴시아는 두 사람 사이의 커넥션을 강화시켜 리드와 팔로우를 정확하게 만드는 역할을 한다. 춤의 완급도 쉽게 조절할 수 있도록 해주고, 탱고를 출 때 최고의 에너지가 나올 수 있게 한다. 까덴시아는 "바닥에 가라앉기"와 "빠우사하며 춤추기"를 잘 지키면 자연스럽게 생겨난다.

물 흐르듯이 추기 – 플루이데스 Fluidez

탱고의 모든 동작은 부드럽게 이어져 마치 흐르는 강물처럼 자연스러워야 한다. 자연스럽게 변주되는 음악처럼 움직임 또한 모나거나 거칠지 않도록 둥글둥글 유동적으로 이루어져야 하며, 걷기와 빠우사, 피구라 사이가 끊임없이 부드럽게 이어져야 한다. 이러한 과정을 플루이데스라고 하며 탱고를 자연스럽고 엘레강스하게 만든다.

따뜻하게 추기 - 씸빠띠아 Simpatía

탱고는 공감과 위로로 시작된 따뜻한 춤이다. 탱고가 궁극적으로 도달해야할 감성이 있다면 바로 "씸빠띠아"다. 화려한 다리의 움직임으로 시선을 끌지만, 결국 탱고는 인간과 인간이 서로를 보듬고 추는 춤이기 때문이다. 탱고의 아브라쏘는 서로 잡는 것(hold)이 아니라 서로를 보듬는 것(hug)이다. 그래서 아브라쏘를 할 때에는 씸빠띠아가 담겨야 한다. 탱고를 출 때는 항상 따뜻함, 씸빠띠아를 잃지 않도록 노력해야 한다.

물 흐르듯이 추기위한 팁

• 빠우사 상태에도 그냥 멈춰 있는 것이 아니라 춤을 추고 있어야 한다. 시동을 걸고 출발선에 대기한 레이싱 카처럼 몸 안에서 춤의 에너지가 요동치고 있어야 한다. 빠우사에서 무릎을 쭉 펴고 상체를 릴렉스하면 이 물결을 타고 움직임을 이어갈 수 있다.

• 한 발에서 다른 발로의 중심 이동은 끊어짐이 없어야 한다. 도블레 띠엠뽀로 걷든, 메디오 띠엠뽀로 걷든 두 발 사이의 체중 이동은 그 박자 전체를 채우며 이루어져야 한다. 무릎을 굽히고 펼 때에도 갑작스럽지 않고 부드러워야 한다.

• 춤을 끊어지게 만드는 스텝들은 빼야 한다. 피구라를 시작하고 마무리할 때 불필요하게 반복되는 스텝이 있다면 빼는 것이 좋다. 피구라를 배울 때는 하나씩 별개로 배우고 연습하기 때문에 매번 종료하는 스텝으로 마침표를 찍는다. 하지만 실제로 춤추는 중간에는 마침표가 없다. 걷기와 걷기, 피구라와 피구라, 피구라와 걷기 그리고 빠우사가 부드럽게 연결되어야 한다. 두 사람의 네 다리가 원점으로 돌아오는 마무리를 지나치게 반복하는 것은 춤을 끊어지게 만드는 요인이다. 자연스럽게 이어갈 수 있도록 연결 고리를 찾아야한다.

• 빠라다를 너무 자주 하지 않는다. 만약 빠라다를 했다면 마침표 없이 이어갈 수 있는 해법을 찾아보자.

• 실수를 해도 춤을 이어간다. 경험이 부족할 때는 조금이라도 실수했다고 느낄 때 춤을 멈추고 확인하려고 한다. 여자의 경우 남자의 리드를 이해하지 못한 것은 실수가 아니다. 그것은 누구의 잘못도 아니고 그냥 그렇게 되었을 뿐이다. 경험이 많은 리더는 팔로워의 대답이 자신이 의도했던 바와 다르더라도 새로운 방향으로 풀어갈 수 있다. 매번 너무 예의바르게 자신의 실수를 확인하고 사과하는 것은 춤을 끊어지게 하므로 피해야 한다. 덤덤하게 흘러가는 대로 따라가면 예상하지 못했던 길이 나오기도 한다.

Chapter.9 탱고 디제이 수업

탱고 디제이는 밀롱가에서 탱고 음악을 전해주는 사람이다. 세계적으로 탱고 페스티벌과 밀롱가가 늘어나면서 탱고 디제이에 대한 수요와 관심도 늘어나고 있다. 그날 밀롱가 분위기와 에너지를 좌우하는 주요한 역할인 만큼 소셜 댄스로서의 탱고를 존중하여 정해진 규칙을 알고 지켜야 한다. 이 전제 안에서 에너지 있는 음악을 선별할 수 있다면 최고의 디제이로 실력을 인정받게 된다.

사람들이 플로어에 나가 춤을 춘다면 탱고 디제이는 자기 자리에서 밀롱가 안의 모든 사람과 동시에 춤을 춘다고 볼 수 있다. 탱고가 즉흥 춤이듯 밀롱가에서 일어나는 모든 일은 임프로비제이션이다. 오늘 밀롱가에 누가 올지, 어떤 사건 사고가 생길지 아무도 모른다. 그 만약을 대비해 디제이는 항상 제자리에서 플로어를 바라보며 함께 해야 한다. 만약 디제이가 사람들과 어울려 플로어에서 춤을 춘다면 통제력을 잃어버리기 십상이다. 알아채지 못하는 사이에 론다가 엉망이 되고 밀롱가 분위기는 어수선해진다. 매끄럽지 못한 곡의 이어짐, 일정치 못한 볼륨 등은 밀롱게로들의 주의를 산만하게 만든다. 최고의 디제이는 자기의 춤이 아닌 음악으로써 자신의 가치를 증명한다. 만약 밀롱가에서 그날의 디제이가 누구인지, 어디에 있는지 체크할 필요 없이 춤추는 데만 집중했다면 그날 최고의 디제이가 함께 했기 때문이다.

마리오 올란도는 부에노스아이레스를 대표하는 3대 디제이중 한 명이다. 그는 자신이 디제이를 맡은 밀롱가에서는 절대 플로어를 밟지 않는 것으로 유명하다. 플로어에는 그날 춤을 추었던 사람들이 쏟아낸 온갖 안 좋은 기운이 가득 차 있다고 믿었다. 그래서 조금 돌아가더라도 절대로 플로어를 가로질러 다니지 않고 바깥쪽으로 다닌다고 했다. 한편 사람들이 나쁜 에너지를 플로어에 쏟아낼 수 있었던 건 다 자기 덕분이라고 자랑스러워했다. 그는 디제이의 중요한 역할은 춤추기에 좋고 에너지 있는 음악들을 틀어서 밀롱가를 찾은 사람들이 충분히 에너지를 발산하고 가벼운 발걸음으로 집으로 돌아가게 하는 것이라고 강조했다.

마스터의 Tip

정식으로 디제이 활동을 하지 않더라도 전통적인 밀롱가에서 어떤 식으로 음악을 트는지 알고 있는 것은 매우 유익하다. 더구나 탱고 강사라면 회원들을 위해 밀롱가를 운영해야 할 때가 종종 있기 때문이다. 이럴 경우 규모가 작다면 따로 디제이 없이 직접 음악을 선정해야 하는데, 그날의 분위기에 맞게 부에노스아이레스의 전통 밀롱가와 같이 딴다를 구성할 수 있으면 최고의 선택이 될 것이다. 또한 회원 중 누군가가 부에노스아이레스를 방문하게 되는 경우, 별다른 문화 차이를 느끼지 않고 현지 밀롱가를 즐길 수 있게 하는 것도 탱고 강사의 중요한 역할이다.

에너지 있는 음악 고르기

디제이는 에너지 있는 음악을 고를 줄 알아야 한다. 밀롱가에서 에너지 있는 음악이란 밀롱게로들이 자리를 박차고 일어나 당장 플로어로 나가고 싶게 만드는 음악이다. 이런 음악으로 다리엔소, 딴뚜리, 다고스티노, 뜨로일로, 디살리 악단의 음악을 꼽을 수 있다. 이 5대 악단은 1935년부터 50년대까지의 음악을 두루 아우르며, 밀롱가는 물론 발스까지 풍부한 레퍼토리를 보유하고 있어 탱고의 메이저 악단으로 평가된다. 따라서 이들의 음악만으로도 밀롱가 운영이 충분히 가능하다. 특히 이 악단들의 1940년대 음악들은 완벽한 탱고형식과 정확한 꼼빠스로 인정받는다. 이 악단들의 연주는 음악적인 가치와 함께 춤추기에도 좋은 곡들이다.

메이저 5대 악단
- 후안 다리엔소   • 리까르도 딴뚜리
- 앙헬 다고스티노   • 아니발 뜨로일로   • 까를로스 디살리

밀롱가에서 탱고 디제이가 갖추어야 할 핵심적인 능력은 춤추기 좋은 곡들을 선곡하는 것이다. 이를 위해서는 무엇보다 소셜 댄스로서의 탱고를 깊이 존중할 줄 알아야 하며, 순전히 음악 감상용으로 듣기 좋은 곡과 춤추기 좋은 곡들을 냉정하게 구분할 줄 알아야 한다.

탱고의 꼼빠스는 사람의 심장박동과 비슷하다. 다고스티노의 노래 한 곡을 틀어놓고 자신의 심장에 가만히 손을 대어 들어보면, 콘트라베이스의 소리에 맞춰 심장도 둥둥 울리는 것을 느낄 수 있다. 춤추기 좋은 곡들은 소모적이지 않고 적정 에너지를 유지한다. 밀롱가 러닝 타임 중에 평균 4시간 정도는 밀롱게로들이 지치지 않고 탱고를 즐길 수 있어야 한다. 그러나 음악 선곡이 너무 단조롭거나 격정적이면 그냥 앉아만 있어도 쉽게 피로감을 느끼게 된다. 이런 경우 채 2시간도 못 되어 자리를 뜨고 싶어진다.

딴다 구성의 정석

새로운 딴다가 시작되면 보통 첫 번째 곡의 도입부를 듣고 춤을 출지 말지를 결정하게 된다. 한 딴다는 같은 풍으로 구성되기 때문에 10초만 듣고도 10분을 어떻게 사용할지 예측할 수 있다. 한 딴다의 통일성은 춤을 추는 동안 안정감을 준다. 이와 반대로 첫 곡을 듣고 플로어에 나갔는데, 뒤이은 3곡이 모두 이질적이라면 밀롱게로들은 디제이에게 속은 기분이 들 것이다. 디제이에 대한 신뢰는 한 딴다의 일관성에서부터 시작된다. 딴다의 일관성은 연주풍이나 템포, 음색이 동질성을 지니며 일관적이어야 한다는 뜻이다. 같은 오케스트라라도 세월의 흐름에 따라 연주풍이 바뀌거나 녹음하는 레이블이 달라지기 때문에, 다음과 같은 규칙으로 동일 악단 내에서 딴다를 구성하면 좋다.

딴다 구성 로직

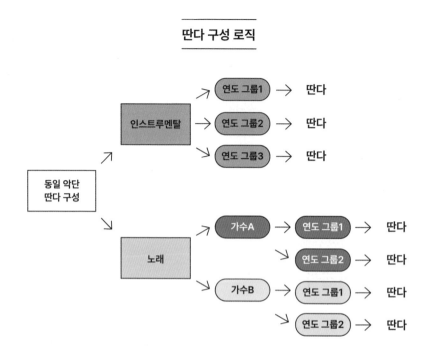

전통적인 밀롱가의 딴다 구성

부에노스아이레스의 전통 밀롱가는 보수적인 성향이 강하다. 특히 올드 밀롱계로들은 음악이 바뀌는 것을 좋아하지 않는다. 이는 늘 똑같은 음악이 나온다는 뜻이 아니라, 곡은 달라지되 항상 정통 탱고 악단의 곡들로 구성된다는 의미이다. 다른 국가에서는 가끔씩 현대 악단의 정통 탱고 곡, 현대 악단의 창작 곡, 심지어는 다른 장르의 음악도 트는 경우가 있는데 부에노스아이레스에서는 암묵적으로 금지된 일이다. 다리엔소의 연주곡만 해도 연도별로 수많은 딴다의 구성이 가능하다. 딴다의 전체적인 흐름과 악단의 구성을 바꾸지 않고도 매주 다른 음악으로 딴다 구성이 가능하다. 부에노스아이레스에서 전통적인 밀롱가의 딴다 구성은 메이저 5대 악단의 탱고, 밀롱가, 발스 곡들로 70%가 채워진다. 나머지 30%는 밀롱가의 구성원과 그날의 분위기에 따라 다른 악단의 곡들과 조합한다.

안티구오 음악은 보통 1939년 이전의 음악들로 단순한 리듬을 지닌다. 피구라가 단순하고 대부분 삐봇이 없는 짧은 걷기만으로 출 수 있다. 구성원들의 경험치가 짧을 때에는 안티구오 딴다들을 잘 활용하면 흥겨운 밀롱가 분위기를 만들 수 있다. 구성원들의 연령대가 높거나 플로어에 사람이 너무 많아 춤출 공간이 부족할 때도 선택할 수 있다. 하지만 안티구오 딴다를 너무 많이 틀면 춤추는 에너지를 떨어뜨리게 되므로 주의해야 한다. 대표적인 악단으로는 까나로 Canaro, 로무또 Lomuto, 마피아 Maffia, 피르뽀 Firpo, 데 까로 De Caro 가 있다.

젊은 춤꾼들이 많은 밀롱가의 경우에는 깔로 Caló, 프레세도 Fresedo, 뿌글리에세 Pugliese, 고비 Gobbi, 데 마레 De Mare, 데 안젤리스 De Angelis, 라우렌쓰 Laurenz, 말레르바 Malerba 등의 악단들로 구성하고 이들의 40년대 음악을 틀 수 있다. 그 외에 가끔은 도나또 Donato, 비아지 Biagi, 로드리게스 Rodiriguez 등의 음악을 섞을 수 있다. 젊은 층이 아주 많거나 특별한 활기가 필요할 때는 60년대 이후의 음악이나 현대 악단의 음악을 한 두 딴다 정도 조합해도 좋다.

디제잉 가이드

탱고 음악 중에 지나치게 감성을 자극하고 가수가 울부짖듯 노래하는 곡들
이 있다. 이런 음악은 한 곡을 들을 때는 좋을지 모르지만 두세 곡 연속으로
춤을 추기에는 적합하지 않다. 감성에 호소해 주목을 끌 수는 있지만 오히
려 춤추는 사람들의 에너지를 떨어뜨릴 수 있으므로 주의해야 한다.

곡 제목의 뜻을 아는 것도 도움이 된다. 뿌글리에세와 샤넬의 노래 중에 "무
차초스 꼬미엔사 라 론다 Muchachos Comienza La Ronda"라는 곡이 있다. 이
것은 "소년들이 론다를 시작한다."라는 뜻이며 가사 또한 '이제 론다를 시작
하니 이 아름다운 음악에 춤을 추러 나가라'는 내용이다. 제목과 내용을 고
려해 밀롱가의 서두에 의미를 부여하기 좋은 곡이다. 제목의 뜻을 모른다면
얼마든지 후반부에 배치할 수 있지만 알고 나면 그럴 수 없게 된다. 발스는
생일 축하 등 여러 축하할 만한 상황에 자주 애용되는 곡이다. 그러나 발스
곡 중에도 슬픈 내용들이 있으니 주의해서 틀어야 한다. 스페인어를 잘 할
필요는 없지만 특별한 이벤트에 자주 사용하는 음악의 제목 정도는 그 뜻을
확인해 둘 필요가 있다.

꼬르띠나는 밀롱가의 에너지를 떨어뜨리지 않는 흥겨운 리듬의 음악을 추천
한다. 부에노스아이레스의 전통적인 밀롱가였던 토요일의 순덜랜드 클럽 밀
롱가는 꼬르띠나가 늘 'Milonga triste'라는 곡이었다. 경쾌하지만 단순한

리듬이 반복되어 금방 귀에 익숙해졌다. 한국에 돌아와서도 그 꼬르띠나를 들으면 항상 순덜랜드 클럽에 대한 향수에 젖어들곤 했다.

한 밀롱가와 디제이의 정체성을 알리는 것으로 자신만의 꼬르띠나를 사용하는 것도 좋은 방법이다. 매번 바뀌는 꼬르띠나도 신선하지만 정규적인 디제이 활동을 계획한다면 자신을 상징하는 꼬르띠나를 찾아보는 것도 도전해 볼 만하다.

한 딴다의 통일성을 깨지 않는다면 딴다 구성 규칙이 깨진 꼰뜨라 딴다를 넣을 수도 있다. 예를 들어 뜨로일로와 딴뚜리의 1941년도 연주곡은 한 딴다로 묶기에 전혀 어색하지 않다. 다고스티노의 'Café Dominguez'는 곡의 앞부분에 내레이션이 있는 연주곡이다. 하지만 비슷한 연도에 묶을 만한 다른 연주곡이 마땅치 않아서 노래가 있는 곡과 함께 딴다를 구성하곤 한다. 만약에 디제이의 뚜렷한 의도가 있다면 4곡 모두 다른 악단, 다른 연도로 구성할 수도 있다. 하지만 꼰뜨라 딴다는 최대 2번을 넘지 않는 것이 좋다.

가장 많은 딴다를 뽑을 수 있는 다리엔소와 디살리의 딴다 구성 예시는 다음과 같다.

디살리 인스트루멘탈 딴다 구성 예

인스트루멘탈	● 1939~41년	El retirao-1939 Viviani-1940 La trilla-1940 Milonguero viejo-1940
	● 1942~43년	Ensueños-1943 Neueve puntos-1943 El Jaguel-1943 Bar Exposición-1943
	● 1944~45년	Barba de choclo-1945 Siete palabras-1945 El Ingeniero-1945 Ojos negros-1945
	● 1946~48년	Los 33 orientales-1948 El pollito-1947 Comme il faut-1947 La racha-1947
	● 1950~55년	A la gran muñeca-1954 Tinta verde-1953 El choclo-1954 Organito de la tarde-1954
	● 1956~58년	Bahia blanca-1957 El abrojo-1958 Indio manso-1958 Una fija-1958

디살리 가수별 딴다 구성 예

🎤 가수

ROBERTO RUFINO
루피노

● 1939~43년
| Volver a soñar-1940
| Lo pasado pasó-1940
| En un beso la vida-1940
| Corazón-1939

| Cascabelito-1941
| Patotero-1941
| Charlemos-1941
| Grisetta-1941

| Anselmo acuña el resero-1943
| Todo-1943
| Pa' los muchacos1943
| Adios te vas-1943

🎤 가수

ALBERTO PODESTA
뽀데스따

● 1942~47년
| Al compas del corazón-1942
| Sombras del puerto-1942
| Junto a tu corazon-1942
| Nido gaucho-1942

| Motivo sentimental-1944
| Otra noche-1944
| Llueve otra vez-1944
| Lloran las campanas-1944

| Soy aquel viajero-1947
| La canión más triste-1947
| Dinero, dinero-1947
| Déjame, no quiero verte más-1947

🎤 가수

JORGE DURAN
두란

● 1945~49년
| Vieja luna-1945
| Gracias-1946
| Solamente ella-1945
| Que no sepan las estrellas-1945

다리엔소 인스트루멘탈 딴다 구성 예

| 인스트루멘탈 | **1935년** | Hotel Victoria
Tinta verde
Sabado Ingres
Nueve de Julio |

1935년
Hotel Victoria
Tinta verde
Sabado Ingres
Nueve de Julio

1936~37년
El flete-1936
Ataniche-1936
Retintin-1936
El cencerro-1937

1938~39년
Lunes-1938
Lelia-1938
Maipo-1939
Por que razon 1938

1940~41년
El Rey del compás 1941
La bicoca 1940
Tucuman 1940
El resero 1941

1945년
El pensamiento
Seguime si podes
Don Alfonso
Azul y oro

1950~75년
Este es el rey-1975
El Puntazo-1952
El simpatico-1951
El marne-1950

다리엔소 가수별 딴다 구성 예

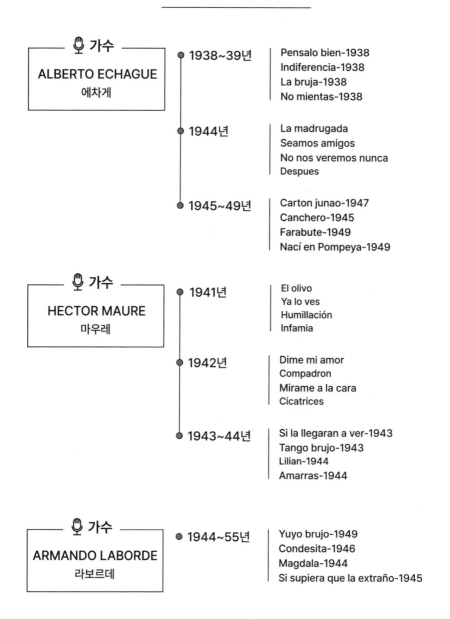

🎤 가수
ALBERTO ECHAGUE
에차게

1938~39년
- Pensalo bien-1938
- Indiferencia-1938
- La bruja-1938
- No mientas-1938

1944년
- La madrugada
- Seamos amigos
- No nos veremos nunca
- Despues

1945~49년
- Carton junao-1947
- Canchero-1945
- Farabute-1949
- Nací en Pompeya-1949

🎤 가수
HECTOR MAURE
마우레

1941년
- El olivo
- Ya lo ves
- Humillación
- Infamia

1942년
- Dime mi amor
- Compadron
- Mirame a la cara
- Cicatrices

1943~44년
- Si la llegaran a ver-1943
- Tango brujo-1943
- Lilian-1944
- Amarras-1944

🎤 가수
ARMANDO LABORDE
라보르데

1944~55년
- Yuyo brujo-1949
- Condesita-1946
- Magdala-1944
- Si supiera que la extraño-1945

제 3장

탱고의 역사

탱고 춤은 그 시대의 대표적 탱고 악단들의 특성과 역사를 함께 한다. 그러므로 탱고를 보다 더 잘 이해하고 즐기려면 그 시대를 풍미했던 대표악단의 특징을 알고 악단별 음악을 많이 들어보는 것이 좋다. 밀롱가에서 음악이 흘러나올 때 어느 악단의 연주인지만 파악해도 한결 깊이 있고 여유롭게 춤에 집중할 수 있을 것이다. 수많은 뛰어난 악단이 있지만, 여기서는 앞서 살펴본 메이저 5대 악단을 비롯하여 탱고 음악의 역사상 기여도가 큰 악단을 골라 조명해 보고자 한다.

프란시스코 까나로 Francisco Canaro (1888 - 1964)

까나로는 최초의 탱고 오케스트라 창단자로서 그의 행적은 뒤를 이은 음악가들 사이에서 큰 귀감이 되었다. 탱고 음악 활동을 통해 최초로 큰 부를 쌓았지만 어릴 때는 음악 교육을 받기 힘들 정도로 가난한 환경에서 자랐다. 우루과이에서 태어났고 3세 때 가족과 함께 부에노스아이레스로 이주했다. 유년기부터 생계를 위해 늘 신문배달 등의 일을 해야 했다. 바이올린에 심취했지만 값비싼 악기를 살 돈이 없어서, 나무 판자와 깡통을 이용해 자신만의 악기를 만들어 연주하기도 했다. 정규 교육을 받지는 못했지만 멈

프란시스코 까나로

추지 않고 음악의 길을 걷다가 결국은 클럽과 살롱에서 탱고를 연주하기 시작했고, 20대 이후에 곧 유명해졌다.

1912년부터 "삔따 브라바 Pinta brava"와 "마따사노스 Matasanos"와 같은 탱고를 작곡하기 시작했다. 마따사노스는 '돌팔이 의사'라는 뜻이다. 졸업을 앞둔 의대생들이 '기숙사의 춤'이라는 교내 행사에 까나로의 악단과 함께 공연을 하기 위해 요청하여 만든 곡이다. 이날의 공연이 당시까지 탱고를 금기시했던 상류사회에 탱고가 처음으로 발을 들여놓는 계기가 되었다고 한다. 오랜 활동 기간 동안 녹음된 작품의 양은 정확히 파악할 수 없을 만큼 많다고 하는데, 대략 3,500에서 7,000개의 녹음본이 있는 것으로 추정하고 있다. 그 중에 가장 대중적인 곡은 "뽀에마 Poema"이다. 그가 작곡한 곡들 중에 대표작으로는 "엘 차무쇼 El chamuyo", "엘 뽈리또 El pollito", "차라무스까 Charamusca", "마노 브라바 Mano brava", "노블레사 데 아라발 Nobleza de arrabal", "라 따블라다 La tablada", "데스떼쇼스 Destellos", "엘 오삐오 El opio", "센띠미엔또 가우초 Sentimiento gaucho", "라 울띠마 꼬빠 La última copa", "마드레셀바 Madreselva", "데하메 노 끼에로 베르떼 마스 Déjame no quiero verte más", "엔비디아 Envidia", "쎄 디쎄 데 미 Se dice de mí", "라 브리사 La brisa", "누에베 뿐또스 Nueve puntos", "엘 띠그레 밀란 El Tigre Millán" 등을 꼽을 수 있다. 이 곡들은 1940~50년대를 거치며 다른 악단들이 춤추기 좋은 리듬으로 다시 연주하여, 지금도 밀롱가에서 자주 들을 수 있는 곡들이다.

로베르또 피르뽀 Roberto Firpo (1884 - 1969)

피르뽀는 피아니스트이면서 작곡가이다. 악단의 디렉터로서 탱고 발전의 선구자 역할을 하였다. 탱고 악단에 피아노를 도입하였고 로맨틱한 멜로디를 탱고 음악에 넣기 시작했다.

가난한 환경에서 자란 그는 어린 시절부터 학업을 그만두고 일해야 했다. 청소년기에 경험의 폭을 넓히고자 부에노스아이레스로 향했고, 작은 가게들과 공장 등에서 일하며 음악가를 꿈꾸었다. 어느 날 드디어 꿈에 그리던 피아노를 살 수 있었는데, 후에 나이가 들어서까지 그날이 그의 인생에서 가장 행복한 날이었다고 회상했다. 19세부터는 스스로 번 돈으로 훌륭한 음악가들로부터 수업을 들을 수 있게 되었고, 1907년에 작곡 활동을 시작하였다.

1913년 처음으로 악단을 결성하여 초기의 성공작들을 선보였다. 대표적인 곡들로 "쎈띠미엔또 끄리오쇼 Sentimiento criollo", "데 뿌라 쎄빠 De pura cepa", "마레하다 Marejada" 등이 있다. 이듬해에는 그의 작품 중 가장 유명한 곡인 "알마 데 보헤미오 Alma de Bohemio"를 선보여 성공을 거뒀는데, 로맨틱한 멜로디가 돋보이는 이 곡은 지금까지도 많은 악단이 연주하고 있다. 이외에도 "디디 Didí", "엘 아마네세르 El amanecer", "엘 가시또 El gallito", "엘 라삐도 El rápido", "베아 베아 Vea vea", "엘 아프론떼 El apronte" 등도 대중의 인기를 끌었다. 크고 작은 오케스트라들과 함께하는 중요한 무대에 피르뽀는 빠질 수 없는 존재였다. 활동 기간이 길었던 만큼 녹음한 곡의 양도 3,000곡 정도로 방대하다. 1930년 갑작스럽게 탱고를 떠나 목장을 운영했지만, 사업에는 운이 따르지 않았는지 다시 악단을 구성하여 작곡과 연주활동을 이어나갔다.

수많은 유명한 곡들을 남긴 피르뽀지만 세계에서 가장 유명한 탱고곡인 "라 꿈빠르시따 La cumparsita"의 저작권과 관련해서는 평생 동안 아쉬워했다고 한다. 라 꿈빠르시따 작곡에 관한 일화는 1916년으로 거슬러 올라간다. 당시 피르뽀는 우루과이 몬테비데오의 한 카페에서 동료들과 정기적으로 연주를 하고 있었다. 어느날 한 신사가 15명 정도의 남학생들을 데리고 카페로 찾아와 피르뽀에게 악보를 내보이며 보완을 부탁했다. 마또 로드리게스 Matos Rodríguez 라는 학생이 작곡한 행진곡인데 그 곡의 풍이 탱고와 비슷하다는 이유에서였다. 4분의 2박자인 미완성 악보는 초반부만 채워진 채 2번째 파트부터는 비어 있었다. 피르뽀는 피아노로 가서 그가 1906년에 작곡했지만 빛을 보지 못했던 탱고 두 곡 "라 가우차 마누엘라 La gaucha Manuela"와 "꾸르다 꼼쁠레따 Curda completa"를 떠올리고, 미완성인 그 악보에 조금씩 곡을 붙여 넣었다. 그리고 그날 밤 그 새로운 곡을 동료들과 연주한 후 소년에게 악보를 다시 전해주었다. 한동안 잊고 지내던 그 곡은 다른 두 예술가가 가사를 붙이면서 위대한 작품으로 떠오르기 시작했다. 바로 "라 꿈빠르시따"였다. 그 당시는 저작권에 대한 인식이 부족할 때라 관행대로 그냥 악보를 넘겨줬던 피르뽀는 두고두고 후회했다고 한다.

로베르또 피르뽀

Alma de Bohemio 포스터

La cumparsita 포스터

오스발도 프레세도 Osvaldo Fresedo (1897 - 1984)

프레세도는 우아하고 귀족적인 탱고 스타일인 '땅고 데 쌀론'의 선구자였다. 그는 부에노스아이레스의 부유한 상인 가정에서 태어났지만 아이러니하게도 그의 집은 가난한 마을에 위치해서 어린 시절부터 빈민가에서 탱고 음악과 반도네온을 접할 수 있었다. 세련되고 귀족적인 스타일을 추구하면서도 항상 빈민가의 메시지를 담고 있는 그의 음악은 아마도 이러한 유년기의 독특한 환경에서 영향을 받았던 듯하다.

활동 초기에 피아니스트인 꼬비안 Juan Cobián 과 함께 "로스 마레아도스 Los Mareados"와 "노스탈지아 Nostalgias"를 작곡했는데, 이 두 곡은 1920년대 탱고 오케스트라의 발전에 결정적인 역할을 한 작품들이다. 섬세한 취향의 음률, 부드러운 색조와 피아노의 환상적인 솔로는 상류층을 끌어당기면서도, 프레세도의 작품이 항상 담고 있는 아라발[10]의 깊은 음악적 메시지를 품고 있었다. 그는 부에노스아이레스의 상류층 사교 문화 속으로 탱고를 안착시키는데 가장 공이 큰 음악가다.

스물 한 살의 나이에 바이올리니스타인 데 까로 Julio de Caro 와 함께 첫 번째 악단을 결성했다. 이후 이 악단은 쎄스떼또 sexteto(6인조)로 만들어졌는

---

10 아라발 : 도시 변두리, 빈민가

데 이것은 탱고 악단의 구성을 전적으로 바꾸는 발판이 되었다. 1921년에
는 미국 음반 회사와의 계약으로 약 50곡에 달하는 곡을 녹음하였다. 이 음
반 취입으로 더욱 자신감을 얻은 그는 부에노스아이레스로 돌아와 새롭게
6인조 악단을 결성했다. 프레세도의 악단은 인기가 너무 높아 하룻밤에도
여러 장소를 돌아가며 연주하기에 이르렀고 나중에는 악단을 5개까지 늘려
서 운영했다고 한다.

악단 운영 외에도 작곡가로서도 많은 성공을 거두었는데, "비다 미아 Vida
Mía"를 비롯하여 "삐미엔따 Pimienta", "아라발레로 Arrabalero", "엘 온쎄 El
once", "아로마스 Aromas", "볼베라스 Volverás", "쏘죠스 Sollozos", "씨엠쁘레
에스 까나발 Siempre es carnaval" 등의 수많은 대표작들을 남겨놓았다. 10살
에 반도네온을 시작한 이래로 63년이라는 긴 활동기간 동안 약 1,250곡의
녹음본을 남겼다. 그중에서도 특히 "띠그레 비에호 Tigre Viejo"는 불후의 명
곡으로 손꼽힌다.

오스발도 프레세도

후안 다리엔소 Juan D'Arienzo (1900 - 1976)

다리엔소는 탱고 황금기의 초석을 다진 인물로 평가된다. 어린 시절부터 바이올린 연주자로 활동하였으며, 피아니스트인 다고스티노 D'Agostino 와 함께 연주하기도 했다. 다리엔소가 본격적으로 탱고 음악에 뛰어들 무렵 부에노스아이레스에는 서정적이면서 가수들의 노래가 돋보이는 부드러운 탱고가 유행했는데, 이런 음악풍은 종종 댄서들의 춤추고자 하는 욕구를 떨어뜨리는 결과를 가져왔다. 이에 다리엔소는 초창기 탱고 음악[11]이 갖고 있던 빠른 리듬을 다시금 가져왔고 이것이 댄서들의 발에 활기와 젊음을 북돋워 주었다. 1935년에는 자신의 악단을 만들었는데, 이때 악단에 참여한 로돌포 비아지 Rodolfo Biagi 가 특유의 긴장감 있는 리듬으로 악단의 성공을 견인했다. 1938년에 비아지는 자신의 악단을 결성하기 위하여 떠났지만, 다리엔소 악단은 계속해서 그 당시의 스타일을 유지해 나갔다.

'엘 레이 델 꼼빠스 El Rey del compás(리듬의 황제)'라 불렸던 다리엔소는 초창기 탱고의 리듬을 잃어버려서는 안 된다고 강조했다. 특히 가수의 노래는 하나의 악기가 되어야 하며, 오케스트라가 가수를 위해 희생해서는 안 된다

---

11 초창기 탱고 음악 : 초창기 땅고 박자는 2/4박자였다. 그 다음 느린 리듬에 부드러운 멜로디의 땅고 박자는 4/8박자였다. 이후 다리엔소는 땅고의 생명은 리듬과 꼼빠스에 있다고 강조하며 2/4박자의 땅고의 맥을 되찾아왔다.

고 주장했다. 작곡한 곡 중 대표곡으로 "아이 미모사 Ay mimosa", "비엔 뿔렌따 Bien pulenta", "까르똔 후나오 Cartón Junao", "치루싸 Chirusa", "엘 비노 뜨리스떼 El vino triste", "나다 마스 Nada más", "빠씨엔씨아 Paciencia", "씨 라 세가란 아 베르 Si la llegaran a ver", "쟈 로 베스 Ya lo ves" 등이 있다. 현재까지도 다리엔소는 밀롱가에서 가장 사랑받는 악단이다. 활동 시기별로 빠르기와 색깔도 다양해서 4시간의 밀롱가를 다리엔소의 곡들만으로도 운영할 수 있을 정도이다. 그중에서도 빠지지 않는 곡으로는 "엘 플레떼 El flete", "뻰살로 비엔 Pensalo bien", "쥰따 브라바 Yunta brava", "만드리아 Mandria", "엘 뿐따소 El Puntazo", "아마라스 Amarras" 등이 있다.

후안 다리엔소

Paciencia 포스터

아니발 뜨로일로 Aníbal Troilo (1914 - 1975)

뜨로일로는 사람들과의 유대감을 형성하는 데 탁월한 재능을 지닌 신비로운 예술가로 평가된다. 거부할 수 없는 균형 잡힌 탱고 스타일을 추구했던 그는 자신의 음악적 관점에 따라 최고의 연주자와 가수를 선정했다. 또한 녹음 회사가 제안한 조건을 수용하지 않고 자신이 원하는 레퍼토리를 선택하는 방법도 잘 알고 있었다. 훌륭한 작곡가로서 길이 남을 작품들을 남겼으며, 다른 작곡가들의 많은 작품들도 그의 손을 거쳐 다시 걸작으로 탄생했다.

뜨로일로가 반도네온 연주를 처음 들은 것은 열 살 무렵 부에노스아이레스의 한 카페에서였다. 그 소리에 단번에 매료된 어린 뜨로일로는 어머니에게 반도네온을 사달라고 매달렸다. 형편이 여의치 않았지만 계속되는 아들을 청을 뿌리칠 수 없었던 그의 어머니는 결국 14회 할부로 반도네온을 사주게 되었다. 4회차까지 돈을 지불했을 때 우연히도 그 상인이 죽고 말았다. 그 뒤로 나머지 돈을 달라고 한 사람은 없었고 비용을 지불할 의무 또한 사라진 것이다. 그렇게 반도네온은 평생 동안 그와 함께하게 되었다.
부에노스아이레스의 신화적인 반도네오니스타이자 디렉터였던 뜨로일로, 그는 세상을 떠나기 하루 전날에야 비로소 손에서 반도네온을 놓았다고 전해진다.

뜨로일로는 1937년에 자신의 악단을 결성했으며 작곡 활동도 꾸준히 이어나갔다. 그가 남긴 많은 걸작 중에는 "또다 미 비다 Toda mi vida", "바리오 데 땅고 Barrio de tango", "빠께 바일렝 로스 무차쵸스 Pa'que bailen los muchachos", "가루파 Garúfa", "수르 Sur", "로망쎄 데 바리오 Romance de barrio", "체 반도네온 Che bandoneón" 등이 있다. 유명한 가수인 피오렌띠노 Francisco Fiorentino 와도 함께 작업을 했는데 "죠 소이 엘 땅고 Yo soy el tango", "떼 아꼰세호 께 메 올비데스 Te aconsejo que me olvides", "엔 에스따 따르데 그리스 En Esta tarde gris" 등 다수의 곡이 있다.

아니발 뜨로일로

리까르도 딴뚜리 Ricardo Tanturi (1905 - 1973)

딴뚜리 악단의 곡들은 춤추기에 가장 좋은 곡으로 평가되며 그중 일부 곡들은 절대적인 고전으로 손꼽혀진다. 그는 1933년 자신의 악단으로 6인조를 구성하며 본격적인 음악 활동을 시작했다. 처음 극장과 영화 쪽에서 주로 활동하다가, 1937년에 들어서며 앨범을 녹음하기 시작했다. 그러던 중 1939년 대중을 사로잡은 가수 까스띠죠 Alberto Castillo 를 만나면서 그의 악단은 큰 성장을 하게 된다. 완벽한 음성의 까스띠죠는 다양하게 색조를 변화시킬 줄 알았고, 남자다운 우아한 외모에 의사 학위도 취득한 상태였다. 그의 무대 매너는 친밀하면서도 유머가 넘쳤는데, 매번 노래할 때마다 관객들에게 유쾌한 퍼포먼스를 선사하곤 하였다. 딴뚜리-까스띠죠는 1943년까지 37곡을 함께 녹음했다. 그 중 대표곡으로 "아씨 세 바일라 엘 땅고 Así se baila el tango", "노체 데 꼴론 Noche de colón", "마다메 이보네 Madame Ivonne", "라 비다 에스 꼬르따 La vida es Corta", "꽈뜨로 꼼빠세스 Cuatro compaces" 등이 있다.

이후에는 가수 깜뽀스 Enrique Campos 와 함께 했다. 깜뽀스는 꾸밈없이 소박하고 단순하게 노래했으며, 그와 함께 딴뚜리의 악단은 더 정확해지고 단순해지며 완성도를 갖추게 되었다. 딴뚜리-깜뽀스는 함께 51곡을 녹음했다. 이 두 사람의 조합은 탱고 음악의 황금 조합으로 손꼽혀진다. 대표곡으로 "우나 에모씨온 Una emoción", "레씨엥 Recién", "말본 Malvon", "오이고 뚜 보스 Oigo tu voz", "무차초스 꼬미엔사 라 론다 Muchachos comienza la ronda"

등이 있다. 딴뚜리가 작곡한 작품들 중에 대표적인 곡으로는 "뽀까스 빨라
브라스 Pocas palabras", "쏘죠스 데 반도네온 Sollozo de bandoneón", "에쎄 소
스 보스 Ese sos vos", "아 오뜨라 체 뻬베따 A otra cosa che pebeta", "아미고
쁘레쎈떼 Amigo presente" 등이 있다.

리까르도 딴뚜리

앙헬 다고스티노 Ángel D'Agostino (1900 - 1991)

다고스티노는 춤꾼들에게 최고의 음악을 선사했다고 찬사 받는다. 음악가 집안 출신의 다고스티노는 어릴 때부터 집에 있던 피아노가 그의 장난감이 었다. 음악이 일상인 집안에서 자라서인지, 그는 일찌감치 고등학교를 그만 두고 대중 앞에서 연주를 하며 음악가의 길을 걸었고 1934년에 그의 악단을 결성했다.

스스로 밀롱게로라고 자부했던 그는 탱고 음악은 부드러운 멜로디와 춤추기 좋은 리듬, 두 가지 모두를 갖추어야 한다고 주장했다. 다고스티노 악단은 섬세하면서도 심플했으며 노스탤지어를 담은 아름다운 노래들로 높이 평가 된다. 악단의 반도네오니스타 중 한 명이 뜨로일로 Aníbal Troilo 였고, 가수는 에차게 Alberto Echague 였다.

앙헬 다고스티노

악단은 다시 가수 바르가스 Ángel Vargas 를 만나며 한층 더 성장했다. 1940년, 바르가스와 함께 앙헬 Los Ángeles 2인조가 시작되었는데, 다고스티노의 심플한 음악과 바르가스의 또렷한 어조가 만나 훌륭한 조화를 이루게 되었다. 무엇보다 감성을 자극하는 가사 전달이 완벽하게 이루어져, 그것이 곧 대중에게 전해지는 감성을 보다 풍부하게 증폭시키고 꼬라손 충만한 춤으로까지 발전시킨 것이다. 바르가스와 녹음한 곡은 93곡 정도로, 대표곡으로는 "무차초 Muchacho", "운 카페띤 Un cafetín", "닌구나 Ninguna", "아구아 플로리다 Agua Florida" 등이 있다. 직접 작곡한 곡들 중에서는 "카페 도밍게스 Café Domínguez"와 "뜨레스 에스끼나스 Tres esquinas"를 대표곡으로 꼽을 수 있다. 다고스티노의 처음 시작은 뜨로일로, 디살리, 프레세도 만큼 인정을 받거나 다리엔소와 같은 인기를 거두진 않았지만, 1940년 이후 탱고인들에게 존경과 선망의 대상이 되었다.

자유분방한 다고스티노는 전형적인 뽀르떼뇨[12]였다. 도박과 여자를 좋아하는 독신남으로 클럽에서 카드놀이를 즐겨하곤 했다. 그는 그의 절친한 친구와 함께 절대 결혼하지 않기로 맹세까지 했다. 바람둥이이자 보헤미안인 자신들이 어떠한 영속적인 굴레에 묶일 수 없다는 것이 이유였다. 하지만 뒷날 그 친구는 맹세를 깨고, 50대가 되어서 20대의 젊은 여자와 결혼했다. 다고스티노는 그때부터 그 친구와 두 번 다시 어떠한 약속도 하지 않았다고 한

---

12 뽀르떼뇨 : 부에노스아이레스 사람

다. 다고스티노에게 그 맹세는 단순히 젊은 날의 치기 어린 행동이 아니라 일종의 신념이며 그 신념을 위한 행동 강령이었다. 1991년 1월, 세상을 떠날 때까지 그는 늘 바라던 대로 독신이었다. 그의 마지막은 음악과 친구들, 그리고 수많은 여자들과의 기억이 함께 했다. 그녀들 중 한 명이 바로, 20세기 아르헨티나에서 가장 유명한 여인이라 할 수 있는 에비따 Eva Perón 였다. 그녀가 그에게 선물했던 유니크한 디자인의 알람시계는 지금 땅고와 관련된 어느 수집협회[13]의 컬렉션으로 소장되고 있다.

까를로스 디 살리 Carlos Di Sarli (1903 - 1960)

디살리는 1940년대 탱고 황금기를 완성했다고 평가된다. 단순하고 섬세한 멜로디와 다채롭게 리듬을 변화시키는 까덴시아가 독보적이다. 탱고 음악의 미학을 희생시키지 않으면서도 밀롱게로들에게 춤추기 좋은 음악을 선사했다. 그는 동시대에 주류를 이루던 그 어떤 오케스트라에도 속하지 않았고 그렇다고 새로운 혁신을 따르지도 않으면서, 오히려 오랜 시간 변치 않고 이어지는 자신만의 스타일을 완성했다. 초창기에는 프레세도 Osvaldo Fresedo 의 부드러운 선율에 영향을 받은 것으로 보인다. 그러나 점차 시간이 지나면서 고유하고 차별화된 그만의 순수한 스타일을 구축하게 되었다. 디살리는

---

13 수집협회 : Consejo Académico de Coleccionistas Porteños de Tango, don Héctor Lucci 땅고 부에노스아이레스 수집가들의 학술 협의회

어린 시절 피아노를 배우며 클래식 음악을 연주했다. 그러나 13세에 부모님과 선생님의 반대를 무릅쓰고 대중음악과 탱고를 연주하기 시작했다. 그 후 아르헨티나의 여러 지역으로 순회공연을 다니다가 1919년, 드디어 그가 태어난 도시인 바이아 블랑카[14]에서 첫 번째 악단을 결성했다.

1923년에는 활동 무대를 부에노스아이레스로 옮겨왔다. 이 시기에 활동한 세스떼또 디 살리 Sexteto Di Sarli 악단은 많은 명곡을 남겼지만 디살리는 돌연 1930년대 중반에 오케스트라를 떠났다. 8년간의 공백을 갖고 1938년에 다시 악단을 결성한 디살리는 가수 루피노 Rufino 의 합류로 화려한 부활을 예고했다. 1939년 "꼬라쏜 Corazón"과 "레띠로 Retiro"등을 녹음하며 디살리 – 루피노의 탱고 황금 조합은 유명세를 떨치게 됐다. 그 외에도 뽀데스따

까를로스 디 살리

---

14 바이아 블랑카 Bahia Blanca : '하얀 만'이라는 뜻의 부에노스아이레스 주의 바닷가 도시. 부에노스아이레스 시에서 700km정도 떨어져 있으며, 거친 바다 바람으로 유명하다.

Alberto Podestá, 두란 Jorge Durán, 아꾸냐 Carlos Acuña 와 함께 한 곡들도 유명하다. 1949년 또다시 상업적인 이유로 악단을 떠났다가 1951년에 복귀했고, 이후 1958년까지 계속 앨범 작업에 몰두했다.

그가 작곡한 곡들 중에 "밀롱게로 비에호 Milonguero viejo", "바이하 블랑카 Bahía Blanca", "니도 가우초 Nido Gaucho", "베르데마르 Verdemar", "오뜨라 베스 까나발 Otra vez Carnaval" 등은 보석 같은 작품들이다. 엘 쎄뇨르 델 땅고[15] 라 불렸던 디살리의 성공은 실로 엄청나다. 사망 이후에도 인기는 계속되어 올드팬들은 물론, 지금까지도 전 세계에서 새로운 팬들이 생기고 있다.

오스발도 뿌글리에세 Osvaldo Pugliese (1905 - 1995)

뿌글리에세는 현대 탱고의 선구자이며, 탱고의 성자 Santo Pugliese 로 불리운다. 그의 음악은 강한 비트와 드라마틱하고 풍부한 음색을 특징으로 한다. 음악의 질적인 희생 없이도 댄서들을 매료시킬 줄 아는 음악가였다.

그의 아버지 아돌포 뿌글리에세는 슈즈 메이커이면서 플루트 연주자이기도 했다. 두 명의 형은 바이올린을 연주했다. 아버지로부터 음악을 배웠는데 처음에는 바이올린으로 시작했지만 곧 피아노로 관심이 기울었다. 15세에 '카

---

15 엘 쎄뇨르 델 땅고 El Señor del Tango : 디살리의 별명으로 '땅고의 주인'이라는 뜻이다.

페 데 라 찬차 Cafe de La Chancha'라는 카페에서 프로 활동을 시작했다.

초반 활동기에는 피아니스트로서 피르뽀 Firpo, 라우렌스 Laurenz, 깔로Caló, 마피아 Maffia, 바르다로 Vardaro, 고비 Gobbi, 뜨로일로 Troilo 등 다수의 그룹에서 많은 아티스트들과 함께 연주를 했다. 1939년에 그룹으로 협업할 수 있는 협동조합을 조직했는데 이 조합은 그가 죽는 날까지 지속되었다. 특히 콘트라베이스에 로씨 Rossi, 반도네온에 루기에로 Ruggiero, 바이올리니스타 까메라노 Camerano, 이 세 사람은 뿌글리에세와 연주하기 위해 태어났다고 할 만큼 악단의 핵심 멤버였다.

1943년에 콧소리를 잘 쓰는 가수 샤넬 Roberto Chanel 과 함께 31곡의 노래를 남겼다. 이후 변화를 꾀하며 샤넬과 대조적인 가수를 찾던 중 모란 Alberto Morán 을 영입하게 되었다. 드라마틱하고 관능적인 모란의 목소리는 오케스트라와 함께 완벽한 조화를 이루었다. 특히 여성 팬들에게 전달

오스발도 뿌글리에세

되는 그의 짙은 호소력은 다른 어떤 가수와도 비교할 수 없을 만큼 뛰어났다. 모란과는 48곡의 작품을 남겼다. 직접 작곡한 주요 작품으로는 "레꾸에르도 Recuerdo", "라 베바 La beba", "아디오스 바르디 Adiós Bardi", "레씨엥 Recién", "우나 베스 Una vez", "엘 엥꼬빠오 El encopao" 등을 꼽을 수 있다. 싱코팟이 두드러지는 "라 슘바 La Yumba", "네그라차 Negracha", "말란드라까 Malandraca" 등의 곡들은 현대 탱고의 선구자적 역할을 하는 작품들이다.

뿌글리에세는 사회주의 사상가며 그것을 실천하는 활동가로도 유명했는데, 이로 인해 그의 음악은 수년 동안 집권 세력의 검열과 정치적 간섭으로부터 자유로울 수 없었다. 음악이 방송에서 금지되기도 하고 투옥되기도 했지만 그 어느 것도 뿌글리에세의 신념을 꺾을 수는 없었다. 또한 그런 통제로도 그와, 그의 음악을 향한 대중의 사랑은 막을 수 없었다.

아스토르 삐아졸라 Astor Piazzolla (1921 - 1992)

삐아졸라는 전통적인 탱고의 한계를 넘어서 전 세계에 탱고의 예술적 가치를 재조명한 혁신적인 아티스트이다. 현대 일반 대중들에게 탱고의 새로운 모습을 소개하고 이로써 전통적인 탱고와의 연결을 만들어 주는 매개체 역할을 했다.

그는 부에노스아이레스에서 400km 떨어진 바닷가 휴양 도시, 마르 델 플라타[16]에서 태어났지만 어린 시절은 대부분 뉴욕에서 보냈다. 탱고를 너무나 좋아한 그의 아버지는 넉넉지 않은 집안 살림에도 불구하고 아들이 8살이 되자 반도네온을 선물해 줬다. 그런 아버지의 마음을 아는지 어린 삐아졸라는 반도네온에 흠뻑 빠져 자연스럽게 음악에 입문하게 되었다. 3년 뒤인 1932년, 생애 첫 번째 탱고곡을 작곡할 만큼 실력이 일취월장했고, 영화에서 가르델 Carlos Gardel 의 어린 시절 역을 연기하는 경험도 했다.

1938년에 부에노스아이레스로 돌아와서 여러 오케스트라와 함께 일하기 시작했다. 그중 뜨로일로 악단과는 그들이 연주하던 카바레에 매일 음악을 들으러 갔다가 단원으로 합류하게 된 케이스다. 여기서 그는 1944년까지 반도네오니스타로 활동했다. 1946년에 접어들며 자신의 악단을 결성한 그는 "피그말리온 Pigmalión"이란 곡을 발표하며 작곡가로서도 뛰어난 면모를 보였다. 이때까지는 장르의 전통적인 틀을 지킬 때였다.

탱고뿐 아니라 클래식 음악의 작곡에도 능했던 삐아졸라는 1950년대에 들어서며 자신의 음악적 정체성을 두고 깊은 고민에 빠지게 되었다. 탱고와 클래식 사이에서 갈등하다가 끝내 답을 찾지 못하고 1954년 프랑스 유학으로 귀결됐다. 그리고 그곳에서 자신의 분야인 탱고를 버리지 않고, 독창적인 자신만의 장르를 개척할 수 있었다. 타악기와 전자 기타를 추가하여 누에보

---

16 마르 델 플라타 Mar del Plata : 부에노스아이레스 주의 해안 도시

탱고 Tango Nuevo 라는 새로운 장르를 만든 것이다. 훗날 아르헨티나로 돌아왔을 때, 고국의 대중은 전통에서 벗어난 그의 음악을 곱게 보지 않았다. 기존의 탱고를 사랑하는 대중은 춤출 수 없는 탱고를 인정하지 않았다.

하지만 1960년대 접어들어 그의 작품들은 세계를 놀라게 하기 시작했다. 그를 성공 가도로 이끌어준 대표곡으로는 "발라다 빠라 운 로꼬 Balada para un loco"와 "치낄린 데 바친 Chiquilín de Bachín" 등을 꼽을 수 있으며, 70년대에 선보인 "리베르탱고 Libertango"는 유럽에서 잊혀져 가던 탱고의 유명세를 다시 찾아 주었다. 그의 아버지가 돌아가셨을 때, 뉴욕의 집에서 아버지를 회상하며 아련한 멜로디를 연주했는데 그때 만든 곡이 아디오스 노니노 Adiós Nonino 이다. 노니노는 삐아졸라가 그의 아버지를 부를 때 쓰던 애칭이었다.

아스토르 삐아졸라

Chapter.11 탱고의 역사

탱고는 1880년경 시작된 것으로 추정된다. 거리의 집시들이 흥얼거리던 구음에 멜로디와 가사가 붙으면서 구전되고, 그 과정이 거듭되며 음악적 형식을 갖춘 것으로 보인다. 탱고 역사의 태동기에는 정확한 기록이 남아있지 않아서 이러한 추정이 대부분이다. 탱고는 거리와 빈민가의 이야기로부터 시작되어 격변의 시대를 거쳐 상류사회의 소셜 문화로 자리 잡았다. 탱고의 드라마틱한 이야기와 숨겨진 출생의 비밀이 탱고를 더욱 신비로워 보이게 한다.

태동기 (1880 - 1900)

탱고는 19세기 말 리오 데 라 플라타 Rio de la plata 강 유역에서 태동하기 시작했다. 이 강을 사이에 두고 아르헨티나의 부에노스아이레스와 우루과이의 몬테비데오가 마주 보고 위치해 있는데, 이 두 지역은 남미 무역의 중심지로 다양한 인종과 문화가 만나던 곳이었다.

특히 이주 노동자들과 하층민들이 많이 거주했던 부에노스아이레스의 항구 라보까 La Boca 에서 초창기의 탱고가 태어나고 활성화되었다는 데에는 이견이 없다. 이 지역을 중심으로 집시들과 이민자들이 아프리카 리듬과 아르헨티나 민속 음악을 섞어 새로운 음악을 만들고 춤을 추었는데, 이것이 탱고의 유래라는 설이 가장 유력하다. 초창기 도시 사람들은 이 새로운 문화와 춤을 미천하게 생각했지만 언제나 새로운 것에 목말라하는 젊은이들에 의해, 강 유역을 중심으로 도시 외곽의 사람들에게 급속도로 퍼져 나갔다.

새로운 문화의 탄생

이 시기의 부에노스아이레스에는 거주민의 절반 이상이 해외 이민자들이었다. 당시 아르헨티나는 본격적인 농수산물 수출 정책으로 부두의 물동량이 늘어났고, 물품의 선적이나 하역, 생선의 가공에 이르기까지 많은 부두 노동자가 필요하게 되었다. 정부는 부족한 노동력을 해결하기 위해 적극적인 이민 정책을 펼쳐 유럽 사람들이 이주해 오도록 장려했다. 정책은 대성공이었다. 이 부유한 시기에 아르헨티나는 "세계의 곳간"이라고 불렸고, 스페인, 이탈리아, 터키, 프랑스, 영국, 러시아 등지의 많은 사람들이 꿈을 쫓아 아르헨티나로 모여들었다.

이러한 시대적 배경으로 이민자들과 아프리카 노예들, 그리고 끄리오쇼 Criollo 라고 불리는 이 지역 원주민들이 함께 살게 되었는데, 이때 그들의 언어, 생활 방식, 문화 등도 함께 뒤섞여 새롭고 독특한 문화가 탄생하게 되었다. 그리고 그중 대표적인 것이 바로 탱고였다. 탱고는 단순히 음악이나 춤이 아닌, 하나의 문화 현상이 되었다. 당시 탱고 노래에는 '룬파르도 Lunfardo'라고 총칭되는 언어가 많이 쓰였는데, 현재에는 거의 쓰지 않는 비어들로써 많은 단어들이 이탈리아어, 영어 등 외국어에서 유래되어 온 것이다.

탱고는 점차 부에노스아이레스 외곽의 중요한 밤 문화로 자리 잡아갔다. 이민 노동자들뿐만 아니라 '꼼빠드리또'라는 마피아 두목들, '빠또떼로'라는 건달들과 심지어 귀족 청년들인 '니뇨비엔'들에게까지 다양한 사회 계층으로 스며들었다. 나중에는 홍등가와 도시 변두리의 빈민가 외 시내 중심의 다양한 장소에서 도시 외곽 사람들인 '오리제로'들과 다양한 계층의 사람들이 모여 함께 춤을 추게 되었다.

이주 노동자들이 대부분 남자였다는 점과 여자들의 밤 외출이 허용되지 않았던 시대적 배경 때문에 초창기 탱고는 대부분 남자끼리 짝을 이뤄 춤을 추었다. 함께 출 여자들이 거의 없기 때문에 남자들끼리 추기도 했지만, 애초에 탱고 춤이 남자들만의 오락거리로 시작해서 발전했다고도 전해진다.

탱고의 초창기는 아직 춤으로서 형식을 갖추지 못했고 엘레강스함과는 거리가 멀었다. 사회적 지위와 신분이 있는 사람들은 탱고 추는 것을 부끄럽게 여겼다. 급기야 1900년 무렵에는, 퇴폐적인 춤이라는 이유로 교황이 탱고를 금지하기에 이르렀다. 그럼에도 탱고는 음성적으로 점차 퍼져나갔다.

가난한 음악가들

초창기 탱고 음악가들은 장소를 불문하고 다양한 곳에서 연주를 했다. 그들의 연주는 생계를 위한 방편이었으므로 음악을 듣기 위한 곳, 춤만 추는 곳, 매춘을 전제로 춤을 추는 곳 등 연주 장소를 가리지 않았다. 대부분 연주자의 주거지는 치안이 좋지 않은 위험 지역에 있었고, 그들이 머무는 곳은 철판으로 간신히 천장을 가린 오두막 같은 남루한 곳이었다. 심지어 젊은 음악가들은 이런 장소에서조차 숙박비를 내지 못해 떠돌고, 도망 다니는 일이 비일비재했다. 그러나 이들은 몇 년 안에 상류층의 카바레와 쌀롱에서 명성을 떨치며 유명한 음악가로 성장하게 된다.

땅고 끄리오쇼의 완성기 (1900 - 1920)

탱고를 연대순으로 살펴볼 때 1900년부터 1920년 사이를 '땅고 끄리오쇼의 완성기'라고 한다. '끄리오쇼 Criollo'는 '원조'를 뜻하는 말로, 초기 탱고를 '땅고 끄리오쇼'라고 부르기도 한다. 당시에 작곡가 까나로, 가수 가르델 등을 비롯한 유명한 음악가들이 파리, 런던, 뉴욕 등 대도시 상류층에서 크게 인기를 얻기 시작했다. 그에 따라 탱고는 상류층의 사교 문화로 변해갔고, 이런 세계적인 유행에 따라 부에노스아이레스의 상류사회에서도 탱고를 받아들이기 시작했다. 결국 교황도 1923년에 탱고를 허락하게 되었다.

이러한 변화는 까를로스 가르델과 까나로, 피르뽀 등의 역할이 결정적이었다. 탱고 역사상 가장 유명한 음악가인 까를로스 가르델이 크게 명성을 떨치며 탱고는 대중문화로 자리를 잡아갔고, 작곡가 까나로, 피르뽀 등이 악단을 결성하며 그 위상을 더욱 굳건하게 만들었다. 특히 이 두 거장을 필두로 수많은 명곡이 탄생했는데, 탱고를 대표하는 명곡 '라 꿈빠르씨따 La cumparsita'도 이 시기에 만들어졌다. 이 외에도 많은 곡들이 대중의 지속적인 사랑을 받으며 현재까지 오고 있다. 그 곡들은 대부분 1940년대에 보다 세련되게 완성되어 리바이벌된 곡으로서, 지금도 밀롱가에 가면 바로 들을 수 있는 필수 레퍼토리로 정착된 곡들이다.

땅고 끄리오쇼는 "바일레 꼰 꼬르떼 baile con corte" 혹은 "바일레 꼰 꼬르떼 이 께브라다 baile con corte y quebrada"라고 부르기도 한다. 이것은 꼬르떼와 께브리다가 있는 춤이라는 뜻이다. "꼬르떼"는 '끊거나 멈추는 것'을 의미한다. "께브라다"는 원래 '부러지는 것'을 뜻하는데, 춤을 추는 도중 갑자기 무릎을 굽히며 내려가면서, 몸을 꺾어 자세를 취하는 동작을 말한다. 춤을 추다가 한순간 두 무릎을 굽히거나 신체를 밀착하여 관능적인 자세를 취하기도 한다. 꼬르떼와 께브라다는 탱고 피구라의 시초이다. 이전의 탱고는 피구라가 없는 단순한 걷기 위주의 춤이었지만 꼬르떼와 께브라다에서 다양한 스텝들이 개발되었고, 이 스텝들이 모여 탱고 고유의 피구라가 만들어지기 시작했다. 그리고 1920년경에 이르러 초기 탱고의 모든 피구라가 완성되었다.

이 시기는 '땅고 오리제로'의 시대였다. 오리제로 스타일은 움직임이 빨랐고, 꼬르떼가 있었고 관능적인 께브라다가 있었다. 이런 춤의 특징은 음악과도 연관이 있다. 이 시기의 연주 스타일은 짧고 끊기는 음이 많으며 음악 중간에도 마치 음악이 끝난 듯 멈춤이 나타났다.

탱고 추는 남자들

이 시기에 탱고를 추던 대부분의 사람들은 '꼼빠드리또'와 '말레보'들이었다. 꼼빠드리또는 마피아의 두목들을 일컫는다. 말레보는 도둑질 등의 나쁜 일을 하며 칼을 지니고 다니는 사람을 일컫는 말이다. '빠또떼로'는 갱단을 말한다. 이런 꼼빠드리또, 빠또떼로, 말레보는 그 당시 최고의 춤꾼이었고 탱고 노래의 주인공들이었다. 이들에게 탱고 실력은 칼솜씨만큼이나 중요한 것이었다. 결투가 붙어 칼로 겨루기 전에 춤의 기술을 먼저 겨루기도 했다.

또 다른 그룹으로 '니뇨비엔'들이 있었다. 부잣집 자제를 뜻하는 말로 젊은 뽀르떼뇨 귀족 청년들이다. 상류사회에 속한 그들은 부르주아 생활의 틀에서 벗어나 자유로워지길 원했고 꼼빠드리또와 탱고는 늘 그들의 로망이었다. 니뇨비엔들은 꼼빠드리또들과 교류하며 탱고를 추고 룬파르도로 말하며 입고 걷는 방식도 배우면서 스스로 꼼빠드리또가 되어갔다.

탱고의 대중화 (1920 - 1930)

1920년대에는 탱고를 추는 장소가 도시 전체로 확산되었다. 카바레뿐만 아니라, 클럽, 쌀론, 카페 등 사교모임이 일어나는 모든 곳에서 탱고를 추었다. 특히 카바레는 상류층들이 탱고를 즐기는 새로운 장소로 등극했다. 피르뽀, 까나로, 프레세도 등 당대 최고의 오케스트라들이 카바레에서 연주했으며, 당시의 트렌드를 주도하는 니뇨비엔들과 귀족들 역시 이곳에서 사교모임을 가졌다. 이 시기에는 라디오, 극장, 영화에서도 늘 탱고가 등장하였다. 공공학교에서도 수업으로 채택되었고, 카니발에서도 탱고를 쉽게 접할 수 있었다.

1920년대에 탱고 춤은 크게 변화했다. 춤추는 장소가 길거리에서 쌀론과 카바레로 바뀌었고, 사회 모든 계층이 즐기는 대중문화로 자리매김하면서 자연스럽게 춤의 형태도 바뀌었다. 특히 "바일레 꼰 꼬르떼"에서 꼬르떼가 없는 "땅고 씬 꼬르떼"로의 변화가 가장 획기적이었다. 가족이 함께 즐길 수 있도록 꼬르떼와 께브라다가 없어지고 춤은 더 단순해졌다. 남녀의 몸은 서로 떨어지고 조명은 밝아졌다. 골반은 서로 닿지 않게 되었으며 모든 피구라들은 쌀론의 환경에 맞게 바뀌었다. 비로소 탱고에 부드러움과 엘레강시아가 자리 잡게 되었다. 이때부터 탱고는 "땅고 오리제로"와 "땅고 데 쌀론"으로 구분되기 시작했다. 뛰어난 댄서들은 이 두 가지 스타일을 모두 잘 출 수 있었다고 한다.

침체기 (1930 - 1935)

1930년대에는 아르헨티나 내부의 정치적인 부패와 전 세계로 파급된 경제 위기의 여파로 탱고 또한 침체기를 맞게 되었다. 이 시기의 음악은 춤추기 좋은 리듬보다는 멜랑꼴리한 멜로디와 가수들의 노래가 돋보이는 형태로 바뀌었다. 하지만 탱고는 여전히 이 시대의 대중문화였다.

황금기 초석 다지기 (1935 - 1940)

1935년, 후안 다리엔소가 악단을 창단하면서 탱고는 다시 활기를 띠기 시작했다. 다리엔소는 꼼빠스와 리듬의 중요성을 역설하며 초기 탱고가 갖고 있던 고유의 리듬을 되찾아왔다. 탱고는 다시 춤을 위한 음악으로 연주되기 시작했다. 이후 1937년, 딴뚜리와 뜨로일로 오케스트라가 결성되었고, 38년에 디살리, 40년에는 다고스티노와 바르가스의 조합이 활동을 시작했다. 탱고 음악은 점점 더 완성도를 갖추게 되고, 오케스트라마다 각자의 개성을 지니게 되었다. 이러한 음악가들의 행보로 탱고 황금기를 위한 초석이 다져졌다.

탱고의 황금기 (1940 - 1960)

1940년대에 접어들어 탱고 음악은 완벽한 구성을 갖추게 되었고 소리 또한 풍성해졌다. 대중문화로서도 완전히 자리를 잡아 부에노스아이레스의 곳곳에서 탱고 추는 모습을 어렵지 않게 찾아볼 수 있었다. 이 시기에 수많은 오케스트라가 쏟아졌는데 거의 2,000개에 달하는 크고 작은 악단들이 존재했다고 한다. 각 쌀론과 클럽의 중심에는 탱고가 있었고, 당연한 결과처럼 탱고에 몰입되고 중독된 사람들이 나타났다. 사람들은 이들을 '밀롱게로'라고 불렀다. 이 호칭은 단순히 중독된 것만 뜻하는 것이 아니라 탱고에 대한 애정과 헌신, 그리고 그들이 평생 동안 쌓은 춤 실력을 존중하는 뜻을 담은 것이었다.

탱고 황금기의 배경에는 페론주의가 있다. 1940~50년대의 아르헨티나는 후안 페론의 주도로 사회개혁과 경제 활성화에 전력을 기울이던 시기였다. 이로 인해 정세는 안정되고 국가는 활기를 띠었다. 여기에 아르헨티나의 주력 산업인 농산물 수출이 대규모의 흑자를 기록함으로써 윤택하고 풍요로운 시절이 상당 기간 지속될 수 있었다. 바야흐로 탱고 역사상 가장 화려한 시대가 활짝 열린 것이다. 이 시대의 탱고를 정의한다면 크게 두 가지로 말할 수 있을 것이다. 바로 '땅고 데 쌀론'의 시대이며 '땅고쌀론 스타일'의 탄생이다.

땅고 데 쌀론의 시대

부드러운 쌀론의 플로어는 댄서들의 발에 날개를 달아주었다. 바닥을 스치며 걷는 유려한 걷기와 화려하고 아름다운 스텝의 탱고 동작들이 만들어졌다. 삐봇이 생겨났고, 부드러운 움직임은 물 흐르듯 매끄럽게 이어졌다.

땅고쌀론 스타일

1950년대에 이르러 황금기는 더욱 무르익었다. 디살리, 뿌글리에세, 다리엔소, 뜨로일로, 딴뚜리, 고비, 라우렌스 등 최고의 악단들이 매일 밤 클럽과 쌀론에서 연주했다. 부에노스아이레스도 페론주의의 사회복지정책과 더불어 문화적 황금기를 누렸다. 특히 가장 화려한 꼬리엔테스 거리의 극장, 카페, 쌀론, 카바레, 식당 등은 잠들지 않는 열기로 밤이 새도록 영업을 이어나갔다. 매일 밤 불빛과 음악이 끊어지지 않는 도시 부에노스아이레스를 두고 사람들은 "잠들지 않는 도시"라고 불렀다.

탱고 춤도 최고의 황금기를 맞이하여, 현재까지 가장 완성도 높은 스타일로서 가치를 인정받는 "땅고쌀론" 스타일이 탄생하게 되었다. 지금까지도 가장 정교하고 우아한 스타일로 손꼽히는 땅고쌀론 스타일은 엘레강스함을 기본으로 부드러운 멜로디에 맞춰 춤을 추는 것이 특징이다. 이 스타일을 즐기는 사람들은 디살리, 프레세도, 뿌글리에세 악단의 음악을 선호했으며, 빠우사를 즐기고 걷기에 비중을 크게 두었다. 한 스텝은 길어졌으며, 물 흐르듯이 부드럽게 움직였다.

이 시기에는 위대한 탱고 춤의 마스터들도 속속 출현하였다. 1939년 히로를 창안한 것으로 유명한 뻬뜨롤레오와 까초를 포함하여 미겔 발마세다, 안토니오 또다로, 비룰라쏘, 뻬삐또 아베샤네다, 피니또, 뽀르딸레아, 호세, 뻬따까, 라울 브라보, 또또 페랄도, 깔리토스 페레즈, 후안 까를로스 꼬뻬스 등이 대표적이다. 이들은 서로의 장점을 흡수하면서 자신만의 고유한 탱고 스타일을 창조하였으며 현재까지 많은 전문 탱고 댄서들에게 큰 영감을 주고 있다.

쇠퇴기 (1960 - 1980)

1955년 페로니즘의 붕괴와 경제 악화로 탱고는 또다시 쇠퇴기로 접어들었다. 60년 대 이후에는 군사독재가 이어져 군부의 탄압이 사회 전반에 걸쳐 자행됐는데, 정치·경제계는 물론 문화·예술계에도 예외는 없었다. 정치·사회적 차원의 대중문화 억압은 탱고뿐만 아니라 아르헨티나의 모든 대중문화를 암흑의 시기로 몰아넣었다. 그 빈자리는 로큰롤 등 해외에서 유입된 음악들로 채워지기 시작했다. 사랑과 이별, 향수를 노래하던 탱고의 자리를 자유와 저항을 상징하는 로큰롤이 대신한 것은 엄혹한 시대의 숙명적 결과일지 모른다. 세대의 변화도 한몫했는데 젊은이들은 그들의 부모 세대가 췄던 탱고를 거부하고 새로운 놀이를 찾아갔다. 이러한 시대의 변혁 속에 전 시대 대중문화의 아이콘이었던 탱고는 점점 그 위상을 잃어갔다. 그러나 시대를 관통해 온 그 뿌리는 여전히 살아남아 동네의 클럽이나 쌀론 등에서 그 명맥을 유지하고 있었다.

대중문화로서 관심을 받지 못하게 되면서 음악의 형식도 감상과 연주를 위한 예술적인 면을 추구하게 되었다. 대표적으로 70년대 삐아졸라의 탱고곡이 그렇다. 댄서들도 탱고에 클래식 발레의 기술을 넣어 공연 안무를 짜는 등, 실험적인 활동들을 계속하였다. 소셜 댄스에서 눈을 돌려 탱고 공연물을 만든 마리아 니에베와 꼬뻬스 외 몇몇 커플들은 각자의 분야에서 성공적인 활동을 하였다.

센트로 스타일이 시작된 것도 이 시기로 보인다. 1964년경 레꼴레따라는 부유한 동네에 "쁘띠 카페"라는 카페가 있었다. 그곳에 가면 타이트한 수트에 모카신을 신은 젊은이들을 자주 볼 수 있었다. 이들의 신식 패션은 처음에 비웃음을 샀지만 차츰 젊은이들 사이에서 유행이 되었다. 이런 복장의 젊은이들을 사람들은 '뻬띠떼로'라고 부르기 시작했다. 뻬띠떼로들은 쁘띠 카페에서 자주 회동을 갖고 그 일환으로 탱고를 추기 시작했다. 취미로 시작된 이들의 탱고는 카페라는 좁은 공간에 맞추어, 몇 개의 단순한 스텝만으로 춤출 수 있게 변형되었다. 2~3달만 배우면 출 수 있었던 이 새로운 스타일의 탱고를 "뻬띠떼로 스타일"이라 불렀고, 이것이 센트로 스타일의 시초로 여겨진다.

탱고의 부흥기 (1980 - 현재)

1980년대 말 군사 독재가 막을 내리면서 아르헨티나에 다시 민주주의 시대가 도래했다. 그에 따라 문화 예술도 활성화되며 탱고 역시 부활했다. 특히 탱고가 다시금 세계적인 인기를 누리는 데에는 "땅고 아르헨티노 Tango Argentino"라는 공연이 크게 기여했다. 1983년부터 기획된 이 공연에는 훌륭한 연주자들과 가수들, 댄서들이 대거 참여하여 명성을 얻었다. 무엇보다 비룰라소를 비롯한 50년대 밀롱게로들의 춤을 무대에서 볼 수 있어 의미가 더욱 컸다. 공연은 성공적이었고, 무려 10년 동안 세계 순회공연을 할 만큼 큰 인기를 누렸다.

"땅고 아르헨티노"의 성공을 통해 땅고 에쎄나리오 부문은 크게 성장했다. 많은 무용수가 탱고로 넘어오기 시작했고, 80년대 후반부터는 댄스 아카데미에서 '탱고단사 Tango Danza'라고 하는, 무용수를 위한 탱고를 가르치기 시작했다. 땅고 에쎄나리오 댄서는 새로운 직업군이 되었다. 화려하고 열정적인 탱고 쇼를 볼 수 있는 극장이 생겨났고 부에노스아이레스를 찾는 관광객들에게는 필수 관람 코스가 되었다.

탱고는 90년대부터 제2의 황금기라 불릴 만큼 아르헨티나에서뿐만 아니라 해외에서도 큰 성장을 이루었다. 아르헨티나의 탱고 마스터들이자 댄서들은 세계 각지로 초빙되어 탱고를 가르쳤고, 그에 맞춰 전 세계에 새로운 탱고 애호가들이 생겨났다. 그들은 부에노스아이레스를 방문하여 현지의 탱고 문화를 직접 보고 겪었으며, 각자의 나라로 돌아가 탱고 음악과 춤과 문화를 전파했다. 때로는 가르치는 마스터로서, 때로는 탱고 문화 행사를 개최하는 오거나이저로 활동하며 세계적으로 탱고가 활성화되는 것에 큰 역할을 했다.

2003년부터 부에노스아이레스시에서 정부 차원의 탱고 행사인 "세계 탱고 월드컵"을 개최하기 시작했다. 이는 전 세계적으로 탱고의 발전을 더욱 가속화하는 계기가 되었다. 처음 "땅고 데 에쎄나리오"와 "땅고 데 쌀론" 두 가지 카테고리로 진행되던 대회는 후에 "땅고 데 에쎄나리오"와 "땅고 데 삐스타"로 명칭을 변경하며 발전을 거듭했다. 매해 관심과 경쟁 또한 치열해졌는데, 이 대회를 통해 댄서들은 자신의 이름을 전 세계에 알릴 기회를 가졌고 세계 각지의 탱고 애호가들 또한 꿈을 갖고 열정을 쏟을 계기를 얻었다.

2009년에 탱고는 유네스코의 세계무형문화유산으로 등재되었다. 다양한 인종과 문화의 통합으로 나타난 새로운 창조물이었던 탱고는 120년이 넘는 시간 동안 발전과 쇠퇴를 반복하며 시대에 맞게 변화하고 성장했다. 끊임없는 역사의 도전과 응전 속에서, 외연의 확장과 내면의 성숙을 거듭하며 끝내 그 가치를 인정받게 된 것이다.

제 4장

탱고, 지도자를 위하여

Chapter.12 탱고 강습 가이드

탱고는 하나의 놀이이고 게임이다. 지친 일상에서 잠시 숨을 고르고 의무가 아닌 순수한 나의 선택으로 좋아하는 일을 하는 행위이다. 따라서 탱고를 추는 일은 재미있어야 하며, 재미있으려면 잘 추어야 한다. 그것이 바로 탱고를 배우고 가르치는 목적일 것이다.

잘 추지 못하므로 수업을 듣고, 잘 추더라도 변화하는 분위기에 뒤처지지 않기 위해 끊임없이 자신을 수련하는 기분으로 수업을 듣기도 한다. 수업은 가르치고 배우는 과정이기도 하지만 그 자체가 탱고를 즐기는 하나의 방법이므로 과정이 고단하고 외롭지 않도록 수업 시간 역시 항상 즐겁고 재미있어야 한다.

탱고는 단순하지만 쉽지 않은 춤이라서 배우는 데 오랜 시간이 필요하다. 학생과 강사 모두에게 인내심이 필요한 일이다. 이때 강사는 지도자인 동시에 그 모든 과정을 먼저 겪은 선배로서 학생들이 지쳐서 포기하지 않도록 조언해 주고 가르쳐주어야 한다. 정답이 없는 길이기에 가장 쉬울 수도 가장 어려울 수도 있는 춤이 탱고다. 학생들 하나하나 자신만의 답을 찾아가는 길에 탱고 강사는 길을 밝혀주는 등불의 마음으로, 인내심과 충분한 시간을 갖고 수업에 임해야 할 것이다. 무엇보다 탱고가 소셜 댄스인 만큼 수강생들이 밀롱가에서 즐길 수 있을 때까지 실력을 향상시키고 밀롱가 코드를 숙지시키는 것이 탱고 강습의 주요 목적이어야 한다.

탱고 강습의 준비

탱고를 배우는 데 걸리는 시간은 개인별로 다르다. 나이가 어릴수록 쉽고 빠르게 배우고 연장자일수록 오래 걸린다. 역할로 보면 리드를 배우는 것이 팔로우를 배우는 것보다 오래 걸린다. 탱고에서의 리더는 팔로워의 동작도 숙지하고 있어야 하기 때문이다. 팔로워가 리더의 동작을 숙지할 필요는 없다. 이외에도 다른 춤이나 운동을 하여 몸놀림이 좋은 사람이 그런 경험이 적은 사람보다 빨리 배운다. 이렇듯 나이와 성별, 신체 능력 등에 따라 습득 기간이 달라지므로, 수강생들의 분포를 잘 고려하여 수업 수준을 조절해야 한다.

부에노스아이레스에서는 1회 수업 시간이 보통 1시간 20분이다. 수강생들이 늦게 모이기도 하고 수업도 느긋하게 진행되므로 80분의 수업 시간이 힘들지 않게 지나간다. 한국에서는 밀도 있는 수업 진행을 선호하기 때문에 50분~60분 정도가 적당하다.

첫 수업에서는 자기소개를 하면서 시작하는 것이 좋다. 탱고는 아브라쏘를 하고 추는 춤이므로 수강생들 간의 심적인 거리감을 줄이는 것이 중요하다. 서로 얼굴을 익히고 친밀감을 형성하면 수업의 능률이 올라간다. 이때 탱고 강사가 권할 수 있는 것이 '베소 beso' 인사법이다.

사람들 사이 마음을 여는 데에는, 반가움을 표현하는 인사보다 효과 좋은 것은 없을 것이다. 그래서 어느 정도 탱고 문화에 익숙해지면, 뺨을 살짝 맞대고 '쪽' 소리를 내는 베소 인사를 권한다. 베소는 탱고에서 가장 중요한 문화 요소로서, 만남의 시작과 끝을 정리해 주면서 구성원 사이의 친밀감을 극대화한다.

베소 인사가 익숙해지면 서로를 안는 아브라쏘 인사법도 시작한다. 비록 한국에서는 낯선 인사 문화이지만 탱고에서는 매우 중요하기 때문에 점차 익숙해질 때까지 시간을 들여서 전파한다.

탱고 강습의 구성

탱고 수업은 간단한 몸풀기로 시작한다. 10분 내외로 구성하되 스트레칭 동작 위주로 한다. 기본 스트레칭은 마음의 긴장을 풀어주고 근육을 이완시켜 주는 효과가 있다. 수업 중에 일어날 수 있는 부상의 위험도 줄여 준다.

스트레칭 동작은 심장에서 먼 쪽에서부터 시작하는 것이 좋다. 발목이나 손목 등에서 시작하여 무릎, 고관절, 허리, 어깨, 가슴 그리고 목 등의 순서로 진행하면 된다. 몸풀기는 어디까지나 본 수업 진행에 도움을 주기 위한 단계로서 수강생들이 무리하지 않도록 주의한다.

기본 스트레칭으로 어느 정도 몸이 릴랙스되면 본격적인 탱고 수업에 들어간다. 수업의 서두에는 리더와 팔로워 구분 없이 공통으로 활용되는 기초 동작을 연습한다. 탱고 기초 동작으로는 걷기, 빠우사, 삐봇, 볼레오 등이 있다. 수업의 난이도에 따라 3분~20분 정도로 다양하게 구성하며, 수업마다 몸풀기와 더불어 반복적으로 실시한다.

기초 동작 연습이 끝나면 인원수에 따라, 1~2곡 정도 파트너를 만나 춤출 수 있는 시간을 마련한다. 이 시간을 통해 수강생은 수업에 참여할 심신의 준비를 마치고, 탱고 강사는 수강생의 개별 특성을 파악한다. 수강생의 전반적인 탱고 수준, 장점, 고쳐야 할 습관, 그날의 기분과 몸의 피로 상태 등 가능한 한 다양한 정보를 수집하여 수업에 활용한다. 초보자 수업에서는 개별 기초 동작 연습에 시간을 더 할애한다.

탱고 수업에서 파트너 체인지는 주의를 환기시켜 주며, 다양성에 익숙하게 해준다. 상황에 따라 1분마다 할 수도 있고, 1곡마다 할 수도 있다. 수강생 중에 부부나 연인 혹은 기타 특별 관계에 있는 커플이 있으면 수업 중 파트너 체인지를 할 것인지에 대해 미리 확인해 둔다. 만약 파트너 체인지를 원치 않을 때는 수강생들의 혼란을 방지하기 위해 수업 서두에 미리 공지 하는 것이 좋다.

한 곡 추기까지 모두 마치면 본격적으로 그날 커리큘럼에 맞는 주제로 들어간다. 먼저 탱고 시퀀스를 상세한 설명과 함께 시연하고, 그대로 커플로 연습할 수 있도록 진행한다. 이후 부족한 부분은 남녀를 나누어 각기 필요한 테크닉을 상세히 알려 주고 다시 커플 연습으로 이어나간다. 이 부분은 순서를 바꿔서 진행할 수도 있는데, 먼저 남녀로 나누어 상세 테크닉을 별도로 교습하고 나중에 파트너를 만나 연습하는 방법이다. 커리큘럼의 수준이 높고 어려울수록 남녀 따로 개별 연습을 거쳐 커플 연습으로 진행하는 것이 효율적이다.

커리큘럼은 수강생의 구성과 수준에 따라 난이도를 즉흥으로 구성하거나 변경해야 할 경우도 있으므로, 항상 수강생들의 상황을 주의 깊게 관찰하며 수업을 진행해야 한다.

탱고 강습 커리큘럼 만들기

탱고 강습 커리큘럼은 강습 목적, 수준, 연령대, 장소 등에 따라서 달라져야 한다. 탱고 강습의 중요한 목표는 수강생들이 밀롱가에서 탱고 소셜을 출수 있도록 하는 것이다. 이 외에도 공연, 대회 참가 등이 목표가 될 수 있다.

탱고 소셜은 사교용과 전문가용으로 나눌 수 있다. 사교용 커리큘럼은 뻬띠 떼로 스타일이나 실용 땅고쌀론 등으로, 단순하고 실용적인 커리큘럼으로 구성하는 것이 일반적이다.

전문가용 커리큘럼은 탱고에 대한 이해도가 깊어야 하고 신체 능력도 많이 요구된다. 특히 미학이 중요한 부분을 차지하므로 체계적이고 다양한 전문적 커리큘럼이 요구된다.

연장자를 대상으로 하는 사교용 탱고 커리큘럼은 삐띠떼로 스타일로 구성하면 좋다. 현대의 밀롱가는 대부분 도심지의 좁은 공간에 자리한다. 이런 특성에 맞게 좁은 공간에서 유용한 스타일이 바로 삐띠떼로 스타일이다. 일명 센트로 스타일이라고도 한다.

땅고쌀론 스타일 커리큘럼은 전문가들을 위한 용도로 추천한다. 길게 걷기를 비롯하여 난이도 높은 동작들이 포함되기 때문에 완성도를 높이려면 많은 노력과 시간이 필요하다.

센트로 스타일 커리큘럼 예시	
기간	주제
1주차	띠엠뽀와 도블레 띠엠뽀 걷기
2주차	아 바호 데 꼬도,꾸니따
3주차	오초 꼬르따도
4주차	히로 밀롱게로

센트로 스타일 커리큘럼 예시	
기간	주제
5주차	께브라다
6주차	사까다
7주차	께브라다 시퀀스
8주차	히로 밀롱게로 시퀀스

탱고쌀론 스타일 커리큘럼 예시	
기간	주제
1주차	올바른 탱고 자세와 걷기
2주차	아브라쏘와 빠우사
3주차	베이직 스텝과 크로스
4주차	삐봇과 오초
5주차	오초 아델란떼와 빠라다
6주차	오초 아뜨라스와 빠라다
7주차	볼레오와 간초
8주차	회전 동작인 히로의 기초

기간	주제
9주차	꼬뻬스와 연결 아도르노
10주차	왼쪽 방향 오초 레돈도와 상구치또
11주차	오른쪽 방향 오초 레돈도와 메디오 깔레시따
12주차	사까다
13주차	사까다 도블레
14주차	엔로스께와 히로
15주차	사까다와 엔로스께
16주차	바리다와 다양한 시퀀스
17주차	씩싹과 전진 피구라
18주차	사까다 세기다와 전진 피구라
19주차	사까다와 볼레오 시퀀스
20주차	간초 시퀀스
21주차	히로 방향 전환을 위한 뿌엔떼
22주차	바리아시온
23주차	땅고쌀론 뜨랑낄로 포르마 완성
24주차	땅고쌀론 모비도 포르마 완성

세계 탱고 대회를 위한 커리큘럼은 탱고 소셜 부문인 "땅고 데 삐스타"와 무대 공연용 쇼 탱고인 "땅고 데 에쎄나리오" 2개의 카테고리로 나눌 수 있다. "땅고 데 에쎄나리오"는 에쎄나리오 전문 마스터에게 개별적으로 안무를 사사하여 대회에 참가하기를 권장한다. 취미용으로는 그룹 레슨이 유용하지만 전문적인 댄서로 대회에 참가할 예정이라면 개별 작품이 꼭 필요하다. 따라서 에쎄나리오 전문 마스터의 도움이 필수적이며 개인 레슨을 통해 안무를 사사해야 한다.

"땅고 데 삐스타"는 약 열 커플이 한 무대에 올라 론다를 돌면서 진행된다. "땅고 데 삐스타" 대회 참가를 위한 커리큘럼은 해당 대회 심사 규정에 맞게 구성하면 된다. 연령대별로 커리큘럼을 다르게 구성하는 것이 좋은데 40대 이전은 땅고쌀론 커리큘럼을 기초로 구성하고, 50대 이후는 센트로 스타일을 기초로 구성하는 것이 좋다. **(땅고 데 삐스타 대회를 위한 커리큘럼 예시 198p)**

탱고 공연의 구성 방법은 장소에 따라서 2가지로 나뉜다. 관중이 앞에 있는 극장형 무대와 관중이 4면에 위치한 밀롱가에서의 구성이 각각 다르다. 모든 탱고 공연에서 가장 중요한 것은 동선이다. 어느 한 곳 빠지는 데 없이 무대 곳곳을 채우는 요소가 있어야 한다.

4면이 관객으로 둘러싸인 밀롱가에서 가장 좋은 동선 활용은, 관객이 앉은 자리 바로 앞에서 춤을 시작하여 밀롱가의 트랙을 따라 돌면서 추는 것이다. 이때 테이블과 떨어져 안쪽으로 1미터 정도 거리를 두고 이동하는 것이 좋다. 중요한 피구라를 할 때는 중앙으로 조금 더 들어가 실행하고 이후 다시 트랙으로 돌아와 나머지 춤을 춘다. 피날레는 밀롱가 중앙에서 마무리한다. (일반 밀롱가에서 공연을 위한 커리큘럼 예시 199p)

무대에서 공연할 때는 기본 즉흥 춤 이외에 안무적 요소를 더 사용하고 극적인 효과를 가미한다. 특히 무대 앞에 있는 관객에게 효율적으로 보일 수 있는 동선을 만들어야 한다.

탱고 지도자의 권장 요건

탱고 지도자는 탱고 문화를 이해하고 몸소 실천해야 한다. 탱고는 소셜 댄스이고 세계적으로 널리 퍼져 있는 문화이다. 따라서 탱고 지도자는 학생들에게 올바른 밀롱가 코드는 물론 누구와도 탱고를 잘 출 수 있게 정확한 리드와 팔로우 기법을 전달해야 한다. 이 모든 것은 수강생들이 세계 어디서나 동일하게, 이질감 없이 탱고를 즐길 수 있도록 하는데 목적이 있다.

땅고 데 삐스타 대회를 위한 커리큘럼 예시	
기간	주제
1주차	기본자세와 엘레강시아
2주차	커플의 하모니를 위한 아브라쏘 클리닉
3주차	길게 걷기와 빠우사
4주차	베이직 스텝, 원형걷기와 트랙 활용법
5주차	히로 스와베
6주차	사까다 도블레와 변형 스텝들
7주차	씨쿨라시온 실습
8주차	스피드를 위한 엔로스께와 히로 도블레 띠엠뽀
9주차	아도르노의 이해와 실전 적용
10주차	좌우 히로 방향 전환을 위한 뿌엔떼
11주차	바리아시온 작법
12주차	뮤지컬리티와 응용
13주차	커플 개성 연출을 위한 피구라 선정
14주차	깜비오 디나미까 심층 적용
15주차	생기와 파워 업 스킬
16주차	대회 실전 연습과 심사위원 실습

일반 밀롱가에서 공연을 위한 커리큘럼 예시	
기간	주제
1주차	공연 특성에 맞는 동선 작법
2주차	커플에 맞는 스타일의 탱고 곡 선정하기
3주차	공연 곡에서 걷기, 빠우사, 피구라 파트 찾기
4주차	중요 부분에 적합한 피구라 선정 및 보정
5주차	바리아시온을 포함한 피날레 구성

Chapter.13 탱고 공연과 대회 준비하기

탱고 공연 준비하기

탱고를 추다 보면 공연할 기회가 자주 생기게 된다. 땅고 데 에쎄나리오를 전문적으로 하는 댄서들은 안무가 완성된 작품을 소유하고 있으므로 항상 무대 공연에 대비가 되어있다. 소셜 탱고의 경우는 조금 다르다. 밀롱가에서 공연은 원래의 즉흥 춤을 그대로 보여주면 된다. 그러나 탱고 페스티벌이나 지방 자치단체 축하 공연 등 무게감이 있는 무대라면 공연 준비를 더 철저하게 해야 한다.

땅고쌀론 마스터들은 공연 의뢰를 받았을 때 공연의 성격과 장소를 먼저 염두에 두고 준비를 한다. 국내외 탱고 페스티벌 등 관객이 전부 탱고 애호가들이고 공연 장소 또한 밀롱가일 때에는 정통 탱고를 기반으로 공연을 구성한다. 공연 곡을 선정할 때도 밀롱가에서 많이 나오고 유명한 곡 중에서 에너지가 많은 곡을 선택한다. 신나거나 드라마틱한 곡 등 엔터테인먼트적인 요소가 있는 곡이면 좋다. 처음 듣는 곡이나 탱고곡이 아닌 음악에 춤을 출 때는 관객들의 좋은 반응을 얻어 내기 어렵다.

일반적으로 밀롱가에서 한 커플만 공연을 할 때는 2곡이 기본이다. 그리고 공연의 완성도와 상관없이 1곡을 앙코르 곡으로 청하는 경우가 많다. 가끔은 앙코르 곡이 2곡이 되어 총 4곡을 추는 경우도 있다.

1곡을 출 때는 다리엔소나 뿌글리에세처럼 캐릭터가 강한 악단을 고르면 된다. 2곡을 출 때는 첫 번째 곡은 부드러운 곡, 나머지 한 곡은 캐릭터가 강한 곡을 선택하여 대비를 주는 것이 좋다. 3곡을 출 때는 옵션이 많아진다. 2곡은 탱고로, 나머지 1곡은 밀롱가나 발스에서 선택하면 좋다. 때에 따라서는 3곡 다 탱고로 구성해도 좋은데, 3곡 다 캐릭터가 확실하게 대비되는 것이 좋다. 첫 번째 곡은 멜로디가 강한 곡, 두 번째 곡은 리듬이 강하고 빠른 곡, 세 번째는 웅장하고 드라마틱한 곡으로 진행하면 가장 좋은 구성이 될 수 있다.

첫 번째 공연 곡은 부드럽고 멜로디가 좋은 곡으로 선택하여 걷기 스타일과 부드러운 히로를 보여 주는 것이 좋다. 두 번째 곡은 리듬이 강한 모비도 곡으로 선택하여, 피구라를 많이 하면서 밀롱가 분위기를 한껏 띄워주는 것이 좋다. 세 번째 곡은 탱고와 다른 리듬인 발스 혹은 밀롱가를 선택하여 가볍고 즐거운 분위기로 마무리하면 된다. 만약 앙코르를 더 받아서 네 번째 공연을 하게 된다면 인상적인 안무가 가미된 곡을 추는 것이 공연의 여운을 깊게 심어줄 수 있다.

첫 번째 공연 곡으로는 까를로스 디살리, 미구엘 깔로 등의 악단에서 선택하고 두 번째 공연 곡은 다리엔소, 뜨로일로, 딴뚜리 등의 악단에서 선택하면 된다. 세 번째 곡으로 밀롱가 혹은 발스를 선택했을 때, 이 때는 어떤 악단에서 선택하든 분위기가 거의 비슷하므로 편한 곡으로 선정하면 된다. 네 번째인 마지막 곡은 오스발도 뿌글리에세 등의 카리스마 있는 곡으로 선정하면 매우 좋은 구성이 될 수 있다. 여기서 고려해야 할 부분이 몇 가지 추가되는데, 처음 두 곡을 선정할 때 곡 분위기 이외에도 가수의 노래가 있는 곡과 없는 곡을 섞어야 한다는 것이다. 노래가 없는 연주곡을 "인스트루멘탈", 노래가 있으면 "꼰 깐또르"라고 한다.

이에 더해 바리아시온이 있는 곡과 없는 곡도 꼼꼼히 따져 적절히 구성하면 좋다. 이런 방식으로 오케스트라와 가수의 곡을 섞어 3~4곡을 선정하면 아주 흥미롭고 품격 있는 공연이 완성될 것이다. 밀롱가나 발스는 가수의 유무와 상관없이 편하게 선정하면 된다. 그리고 무엇보다 자신이 익숙하고 즐겨하는 피구라에 맞는 곡을 선정하는 것이 좋다.

곡 선정이 끝나면 다음으로 각각의 곡에 맞는 피구라를 찾는다. 각 공연 곡의 모티브를 잡고 그 리듬이나 분위기에 맞추어 특정 파트에 맞는 피구라를 선정하면 된다. 물론 탱고의 재미는 즉흥 춤에 있지만 공연할 때는 2~3개의 멋진 시퀀스를 안무처럼 끼워 넣으면 훨씬 안정적으로 공연의 효과를 높일수 있다.

공연 곡과 피구라가 선정되면, 탱고 춤 형식을 이용하여 고유의 구성 방식을 대입하면 된다. 부드러운 뜨랑낄로 곡은 걷기와 빠우사 70%, 피구라 30%로 구성하고 리드미컬한 모비도 곡은 걷기와 빠우사 30%, 피구라 70%로 구성한다.

땅고쌀론 공연 구성 예시			
공연	오케스트라	성격	구성
공연 1	디살리	뜨랑낄로	걷기와 빠우사 70%, 피구라 30%
공연 2	다리엔소	모비도	걷기와 빠우사 30%, 피구라 70%
공연 3	자유롭게	밀롱가/ 발스	자신의 개성에 맞게 구성
공연 4	뿌글리에세	카리스마	뜨랑낄로 구성 + 바리아시온

마지막으로 밀롱가에서 하는 공연의 동선은 밀롱가 코드를 지켜, 반시계 방향으로 춤을 진행할 수 있도록 구성하는 것이 좋다. 이때 테이블에 앉은 관객들이 공연을 잘 볼 수 있도록 테이블에서 1m 정도 안쪽으로 들어와서 진행한다. 중요 피구라를 할 때는 중앙으로 조금 더 들어와서 하고 걷기를 할 때는 원래 트랙으로 돌아가서 진행한다. 피날레는 밀롱가의 중앙에 위치하여 공연의 끝을 맺으면 된다.

땅고쌀론 공연을 관객이 전면에만 있는 무대에서 할 때는 에쎄나리오와 마찬가지로 무대 전체를 사용하는 동선을 만들고 모든 동작의 에너지가 관객을 향해서 표현될 수 있도록 해야 한다. 공연 곡의 선정이나 구성은 밀롱가에서 하는 공연과 똑같아도 좋다. 사용되는 피구라는 땅고쌀론 고유의 시퀀스를 사용하고 간단한 쌀또나 멋진 포즈 등 극적인 요소를 추가하는 것도 좋다. 탱고 춤 자체가 극적이고 열정적인 요소를 담고 있으므로 굳이 다른 춤이나 서커스적 테크닉을 넣지 않아도 된다. 무대 공연 기술 몇 가지만 알고 있다면 어렵지 않게 멋진 땅고쌀론 스타일의 공연을 할 수 있다.

탱고 대회 준비하기

탱고 대회 중 가장 규모가 크고 권위 있는 대회는 "탱고 월드컵"이라고 불리는 "문디알 데 땅고"이다. 전 세계에서 열리는 탱고 대회 심사 규정의 대부분은 매년 부에노스아이레스에서 열리는 이 탱고 월드컵의 규정을 따르고 있다. 이 대회는 유럽, 일본, 한국 등 세계 각국의 주요 도시에서 예선전을 치르는데, 이 예선전에서 우승한 선수들은 "문디알 데 땅고"의 결승전 혹은 준결승전에 출전할 수 있는 티켓이 주어진다. 탱고 대회를 준비하는 과정은 세계 탱고 월드컵 대회의 심사 규정에 맞게 춤을 수정·보완하고 트레이닝하는 과정이다.

이 대회의 카테고리에는 소셜 탱고 부문인 "땅고 데 삐스타"와 무대용 공연 탱고 부문인 "땅고 데 에쎄나리오"가 있다.

"땅고 데 삐스타" 심사규정

"땅고 데 삐스타" 부문은 밀롱가에서 추는 춤을 그대로 무대 위로 옮겨서 경쟁하는 것이다. 따라서 소셜 댄스라는 범주 안에서 아래 사항이 중요하게 여겨진다.

심사위원의 평가 항목

- 심사위원은 각 커플의 탱고 해석 능력과 각기 다른 개성적 스타일을 기본 포인트로 본다.

- 소셜 탱고에서 사용되는 유명한 피구라는 사용 가능하다. 예를 들어 바리다와 사까다, 엔로스께, 라피스, 간초, 볼레오, 각종 장식 동작 등이 포함될 수 있다. 다만 이런 동작들이 주위 다른 커플들의 공간을 침범하거나 방해하지 않아야 한다. 점프 혹은 두 발이 다 플로어에서 떨어지는 농작과 전형적인 무대 안무의 탱고 동작은 배제된다.

- 뮤지컬리티와 엘레강스한 걷기, 커플 사이의 커넥션과 커뮤니케이션 그리고 그들의 고유한 개성을 고려한다.

- 탱고 음악을 존중하고 다이내믹과 속도의 변화를 통해 음악을 해석하는 것도 중요하다.

- 복장은 심사 기준이 아니다. 그러나 좋은 모습으로 대회에 참여하길 권장한다.

- 소셜 댄스이므로 복장, 헤어스타일, 화장 등이 스테이지 댄스처럼 과장되어서는 안 된다.

땅고 데 삐스타 심사 규정

- 즉흥성과 아브라쏘, 커플 사이의 커넥션이 적절하게 유지되어야 한다.

- 소셜 댄스 플로어와 마찬가지로 반시계 방향으로 지속적으로 움직여야 하며
  뒤로 가는 일은 없어야 한다.

- 탱고 동작이나 스텝을 위해 꼭 필요한 경우에는 한 스텝이나 두 스텝 뒤로 갈 수 있다.

- 탱고 동작은 어떤 상황에서도 그 커플의 공간 안에서 이루어져야 한다.

- 커플은 자신들의 공간을 잘 지키고 아울러 론다의 다른 커플들의 공간도
  존중해야 한다. 이것은 론다의 씨쿨라시온을 방해하지 않도록 하기 위해서다.
  곡의 2소절 이상 한 자리에 머물며 론다의 흐름을 방해하는 커플이 있다면
  심사위원의 감점을 받게 될 수 있다. 만약에 한 커플 때문에 론다가 멈추더라도
  이 커플을 앞질러서 가면 안 된다. 이럴 때 심사위원은 이 문제를 풀기 위해
  한 곡 더 추게 할 수도 있다.

- 한 번 아브라쏘를 하면 한 곡이 끝날 때까지 그 상태를 유지해야 한다.
  모든 동작은 주변 커플에게 위협이 되지 않도록 커플의 아브라쏘 안에서
  이루어져야 하지만, 일부 피구라들은 유동적으로 대치할 수 있다.
  곡과 곡 사이에 아브라쏘를 풀지 않아도 된다.

2011년 8월 '문디알 데 땅고' 결승전 입장

땅고 데 삐스타 카테고리의 평가 기준은 시대와 발맞춰 변할 수 있다. 역대 대회의 심사 기준이 엘레강스하고 부드러운 땅고쌀론 스타일 위주였다면, 2024년 현재는 평가 기준에 간초와 높은 볼레오도 허용되는 등 좀 더 역동적이고 다이내믹한 경기용 탱고가 우세해지고 있다. 이처럼 시대에 따라서 심사 기준이 달라지면 그에 맞추어 자신의 춤 스타일을 수정 · 보완하는 것도 한 방법이다.

그러나 자신의 스타일을 꾸준히 연습하여 완성하는 것이 더 좋은 방법일 수 있다. 스타일을 바꾸어 탱고 대회에 나가는 것보다 탱고 대회에 꾸준히 나가면서 심사위원이나 심사 규정이 변화할 때까지 기다리는 것이 현명할 수 있기 때문이다. 변하는 유행 속에서 오히려 고전의 진가가 드러나는 것처럼 탱고 또한 결국은 땅고쌀론 스타일로 돌아오는 경향이 있다. 고전의 힘은 언제 봐도 세련되고 질리지 않는 데에 있다. 엘레강스한 땅고쌀론이 바로 그렇다.

"땅고 데 에쎄나리오" 심사규정

"땅고 데 에쎄나리오" 부문은 쇼 탱고를 위한 춤을 무대로 옮겨 경쟁하는 것이다. 땅고 데 에쎄나리오 참가를 위해서는 작품 한 곡을 최소 1년 동안 꾸준히 외우고 연습해야 한다. 안무는 보통 개인레슨을 통해서만 완성될 수 있다. 일반적으로 10여 회의 개인레슨이면 4분 이내의 안무를 완성할 수 있지만, 안무가와 함께 꾸준히 보완·수정의 과정을 거치면서 완성도를 높이는 것이 중요한 포인트다. 심사 규정은 일반적으로 다음의 범주 내에서 이루어진다.

루나파크에서의 '문디알 데 땅고' 결승

땅고 데 에쎄나리오 심사 규정

- 참가 선수들은 탱고 댄스에 대한 자신들의 개인적인 견해를 표현할 수 있다.
  정통 탱고와 관련이 없는 동작, 피구라, 응용 요소들을 재구성할 수 있다.

- 커플들은 아브라쏘를 깰 수 있고 다른 장르의 춤에서 유래된 부가적인
  테크닉들을 사용할 수 있다. 이는 특정 장면의 효과적인 구현을 위해
  필요하다고 인정된다.

심사위원의 평가 항목

- 안무의 구성요소 (창작물, 재창작물)
- 탱고 에센스의 보존성
- 무대 사용 능력
- 안무와 자세 테크닉
- 신체와 공간의 정렬

- 커플의 싱크로율
- 안무 효과
- 해석
- 음악적 정확성
- 의상과 분장

'프리마베라 탱고 페스티벌' 공연, 로열탱고하우스
photo by 브루니

제 5장

탱고 피지컬

Chapter.14　탱고 생리학 기초

탱고를 잘 추려면 탱고와 밀접하게 영향받는 인체의 구조나 기능을 이해할 필요가 있다. 특히 탱고 지도자라면 탱고의 동작을 수행하는 데 가장 직접적으로 관계되는 근육과 골격계에 대한 기본 지식을 반드시 숙지할 필요가 있다. 근육과 골격의 형태학 지식을 바탕으로 동작 완수를 위한 기능적인 이해를 축적하다 보면, 보다 스타일리시한 자신만의 탱고 춤뿐만 아니라 탱고의 교수법까지 완성할 수 있을 것이다.

탱고 생리학의 정의

탱고 생리학은 탱고의 춤과 구조에 맞는 신체의 움직임과 기능을 이해하기 위한 학문이다. 탱고를 출 때 신체의 움직임은 탱고 고유의 특성을 표현하며 에센스를 내포해야 한다. 탱고 고유의 특성이란 다른 춤과 달리 탱고만이 갖고 있는 특징적인 자세와 동작, 시퀀스를 포함한 심미적 특징, 그리고 감성적 에센스를 의미한다. 감성적 에센스란 탱고 음악에 담긴 감성과 향수를 탱고 춤에서도 그대로 느낄 수 있어야 하는 것을 의미한다.

걷기와 멈추기는 탱고를 출 때 가장 중요한 신체 활동이다. 탱고를 추기 위해서는 신체의 모든 관절과 근육이 유기적으로 움직여야 하는데, 그중에서도 무릎 관절을 구부리고 펴는 운동성이 가장 중요한 기능이다. 이런 무릎 관절의 굽혀지고 펴지는 기능을 적극적으로 활용하여 걷기와 빠우사를 하며, 무릎 관절의 연속적인 활동을 통해 까덴시아가 만들어진다.

탱고 걷기는 체중이 실린 발로 바닥을 밀고, 그 힘으로써 다른 발이 능동적으로 위치를 옮겨가는 연속적인 동작을 의미한다. 한 걸음씩 걸음을 옮길 때마다 바닥을 미는 발은, 내딛는 발과 동시에 신체의 모든 부분을 같은 방향으로 이동시켜야 한다. 이때 걷기는 방향이나 속도, 보폭을 일정하게 유지하면서 강하게 걸어야 한다. 안정적이고 정확한 탱고 동작을 위해서 모든 신체의 근육에는 일정량의 에너지가 가득 차 있어야 하는데 이러한 상태를 "비다 VIDA"가 차 있다고 한다.

일반적인 빠우사는 멈춤, 휴식이라는 뜻이지만 탱고에서는 능동적인 멈춤, 혹은 능동적인 서있기로 해석되며, 이동은 없으나 에너지가 충만한 상태를 의미한다. 걷기를 할 때는 무게 중심이 실려 있는 다리의 무릎이 굽혀지면서 이동하고 빠우사를 할 때는 무릎이 곧게 펴진다. 빠우사를 능동적인 서있기로 표현한 것은 빠우사를 할 때 플로어를 발로 세차게 누르며 체중을 들어 올려서 신체의 모든 근육이 최대한 늘려질 때까지 일어서야 하기 때문이다. 그래서 빠우사는 "멈춘다" 보다는 "일어선다" 혹은 "체중을 위로 든다"라는 표현이 더 어울린다.

탱고를 출 때 신체의 기능과 활동은 탱고의 주요한 에센스인 "열정"과 "향수"를 담아내야 한다. 탱고를 생리학의 관점에서 풀이한다면, "탱고를 출 때는 신체의 모든 기능을 잘 활용하여 효과적인 걷기와 빠우사를 하고, 이 활동을 다양한 탱고 음악에 적용하여 열정과 향수를 발현시키는 것" 이라고 할 수 있겠다.

탱고 근육과 탱고 골격

탱고는 커플 춤이다. 두 사람이 커넥션과 하모니를 유지하며 탱고 고유의 동작을 하려면 근육의 톤과 골격의 배열을 전통 탱고의 표준에 맞게 사용해야 한다. 탱고 근육의 질감은 탄력적이어야 하며 부드럽고 강해야 한다. 걷기와 피구라를 할 때는 근육의 "신장성 수축과 등속성 수축" 등을 효과적으로 사용해야 하고, 빠우사와 아브라쏘를 위해서는 근육의 "신장성 수축과 등척성 수축"을 적절하게 사용해야 한다.

- 신장성 수축 Eccentric Contraction : 근육의 길이가 길어지면서 장력이 발생

- 등속성 수축 Isokinetic Contraction : 근육의 장력과 상관없이 일정한 속도로 근수축이 이루어지는 동작

- 등척성 수축 Isometric Contraction : 근육의 길이와 관절의 각도가 변하지 않고 수축되는 동작

탱고 걷기 심층 분석

탱고를 추면서 걷기를 할 때는 평상시 걸을 때보다 근육의 사용량이 증가한다. 일반 걷기의 근육 사용량이 70% 정도라면 탱고 걷기를 할 때는 90% 이상까지 증가한다.

일반 걷기와 탱고 걷기

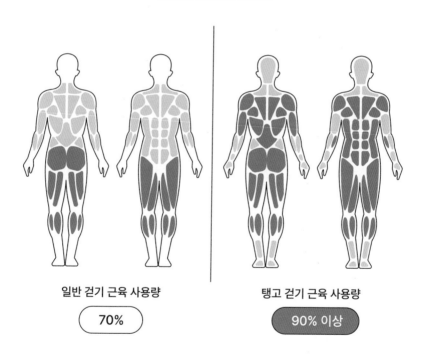

일반 걷기 근육 사용량

70%

탱고 걷기 근육 사용량

90% 이상

걸음마다 체중을 싣고 균형을 잡으며 바닥을 밀어서 걷는 탱고 걷기는 파워 워킹이며 밸런스 무브먼트다. 이런 이유로 일상생활에서의 걷기보다 에너지 사용량과 근육 사용량이 월등히 증가한다.

탱고를 출 때의 보폭은 춤추는 스타일에 따라서 다양하다. 일반적으로 1초 내외의 1박자에 1걸음을 걷게 된다. 한 걸음의 보폭은 뻬띠떼로 스타일은 한 발자국 길이 이하, 땅고쌀론 스타일은 두 발자국 길이 정도, 무대용 탱고 는 두 발자국 길이 이상이 될 수 있다. 평균 보폭은 '자신의 키×0.37'로 계 산하면 되지만 개개인 별로 차이가 클 수 있다. 1박자에 걷는 1걸음의 보폭 이 길어질수록 피치(빠르기)가 증가하고 근육 사용량이 커진다. 보폭은 신 체 능력, 음악, 파트너와의 커넥션 등에 따라서 달라진다. 한 발자국 길이 이 상의 보폭은 무릎의 굽힘이 필요하다.

탱고 걷기의 속도는 박자 속도와 비례한다. 탱고곡은 보통 1초 내외가 1박자 이고, 1박자에 1걸음을 걷는다. 빠른 곡일수록 빠르게 걷고 느린 곡일수록 느리게 걷는다. 한 곡 내에서도 박자의 속도는 일정하지 않으므로 항상 집중 해서 음악을 듣고 걸어야 한다.

탱고 1곡은 2분 30초~3분 내외의 길이다. 평균 1비트는 1초 내외이다. 빠우사 없이 평균 1초당 1걸음을 걷는다고 하면 탱고 1곡당 평균적으 로 150~180걸음을 걷는다. 평균적인 빠우사의 비율이 25% 정도이니 112~135 내외의 걸음을 걷게 된다.

악단별 BPM 예시		
오케스트라	곡명	BPM (분당 평균 비트수)
디살리	바이아 블랑카	56~57
뿌글리에세	빠라 도스	59~60
다고스티노	까페 도밍게스	60.5
다리엔소	빠시엔시아	67~73

탱고 1곡 당 걷기 분석	
구분	탱고 1곡
평균 길이	2분 30초 ~ 3분
평균 박자 속도 (BPM)	55 ~ 75
평균 걸음 속도	1초 내외
가능한 걸음 수	150 ~ 180
빠우사 길이	37.5초 ~ 45초
평균 걸음 수	112 ~ 135

탱고 기본자세

탱고의 기본자세는 무릎 관절을 곧게 편 상태에서 가슴이 발끝보다 1~2cm 정도 앞에 위치하도록 한다. 이때 고관절이 뒤로 살짝 빠지며 힙힌지 자세를 유지한다. 통칭해서 탱고의 기본자세를 힙힌지 혹은 힙브레이크 자세라고 한다. 몸의 중심은 발바닥 전체에 실려 있어야 하며 플로어를 밀면서 능동적으로 서 있어야 한다. 모든 신체 근육은 이완되어 있되 느슨해지면 안 된다. 양쪽 어깨와 팔꿈치는 바닥을 향하는 것이 좋다. 탱고에서 가슴을 맞대고 춤을 출 때 검상돌기 아래와 늑골 7번 사이인 명치 아래쪽부터 하체로 향하면서 공간감이 생겨야 한다. 걸을 때 무릎의 방향은 두 번째 발가락과 세 번째 발가락 사이로 향하며, 몸의 무게 중심과 함께 이동된다.

탱고 기본자세 골격

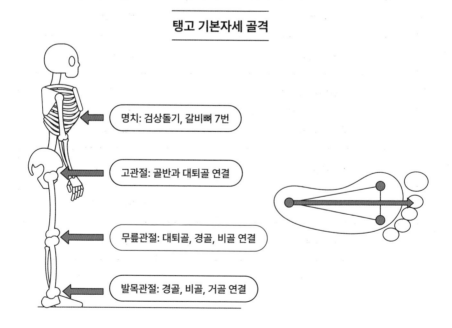

명치: 검상돌기, 갈비뼈 7번

고관절: 골반과 대퇴골 연결

무릎관절: 대퇴골, 경골, 비골 연결

발목관절: 경골, 비골, 거골 연결

상체는 사랑을 하고 하체는 춤을 춘다

탱고는 인생의 축소판이라고 불리는 만큼 매혹적인 격언이 많다. 그중에서도 정수로 꼽을 수 있는 것이 "상체는 사랑을 하고 하체는 춤을 춘다."라는 격언일 것이다. 이 말은 탱고를 추는 실제적인 방법을 이야기하고 있다.

탱고에서 다리의 기능은 가슴 아래부터 시작되어야 한다. 즉 탱고를 출 때 다리는, 고관절에 결합된 두 다리에서 확장하여, 명치 아래 배 부분부터 다리의 시작이라고 인식해야 한다. 그 이유는 탱고 생리학적인 관점에서 고찰해야 하는데, 실제 다리를 움직이게 하는 중요한 근육인 장요근이 가슴 바로 아래부터 시작되기 때문이다. 이 장요근을 효과적으로 활용해야 제대로 탱고를 출 수 있으며, 명치에 힘을 주거나 배를 내밀고 추지 않아야 한다.

탱고 춤의 기능을 이해하는 데 가장 중요한 근육인 장요근은 장골근과 대요근, 소요근을 통칭해서 이르는 말로 골반 안쪽의 근육이다. "영혼의 근육"이라고 불리기도 하며 몸의 중심, 에너지 센터인 "단전" 혹은 "코어"를 둘러싸고 있다. 장요근 중 대요근은 제12흉추에서 제5요추까지의 범위를 시작점으로 하여 중간에 장골근과 합쳐지고, 대퇴골의 소전자를 그 끝점으로 한다. 장골(엉덩이뼈로 소위 우리가 골반이라고 말하는 뼈)근은 장골와에서 시작되어 중간에 대요근과 연결된다. 소요근은 제12흉추와 제1요추에서 시작되고 그 끝은 치골에 부착되는데, 사람에 따라 없는 경우도 많다. 장요근의 끝점인 대퇴골의 소전자는 대퇴골 위쪽의 허벅지 안쪽을 향해 있는 작은 돌기를 말한다.

장요근

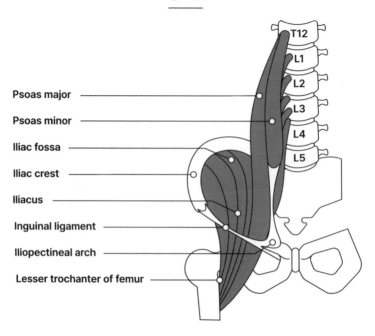

Psoas major
Psoas minor
Iliac fossa
Iliac crest
Iliacus
Inguinal ligament
Iliopectineal arch
Lesser trochanter of femur

T12
L1
L2
L3
L4
L5

사람이 바로 서기 위해서는 척추 아랫부분에 형성된 굴곡이 필요하다. 이 굴곡은 상체의 무게를 견디고 전달하는 역할을 한다. 이 굴곡을 만드는 과정이 힙힌지다. 장요근은 척추와 골반, 대퇴에 모두 부착된 유일한 근육으로 이 굴곡을 형성하게 도와주며, 척추를 앞과 아래로 당겨주는 역할을 한다. 장요근은 또한 우리가 걷는 것을 도와준다. 걸을 때 뇌가 장요근에 신호를 보내서, 한 다리를 내디뎠을 때 뒤에 남겨진 다리를 앞쪽으로 움직이게 한다. 이렇게 해서 앞과 뒤에 있는 다리를 교차시키면서 걸을 수 있게 한다.

근육 이름		기시 origin (근육의 시작 부위)	정지 insertion (근육의 끝맺음 부위)	작용	신경지배
장요근 iliopsoas	장골근 iliacus	장골와 iliac fossa	대퇴골 소전자 Lesser trochante of femur	굴곡	대퇴신경 및 제 2,3,4 요추신경
	대요근 psoas major	제12흉추(T12)에서 제5요추(L5)까지			
	소요근 psoas minor	제12흉추(T12)에서 제1요추(L1)까지	장골 치골융기 iliopubic eminence		

제2의 심장

탱고를 출 때 발의 활동은 몸의 균형과 미학에 가장 중요한 역할을 한다. 특히 탱고 걷기를 할 때는 종아리 근육과 아킬레스건의 기능을 사용하여 정확하게 발목을 펴거나 굽혀야 한다.

종아리 근육은 "제2의 심장"이라고 불리며 중력의 법칙에 맞서 인간의 직립과 혈액 순환을 도와준다. 심장에서 보내준 혈액은 전신을 순환하며 우리 몸 구석구석에 산소와 영양과 호르몬을 공급해 주고 하체로 내려간다. 이때 혈액이 다시 심장으로 돌아가려면 펌핑 에너지가 필요한데 그 역할을 종아리 근육이 해주게 된다.

종아리 근육

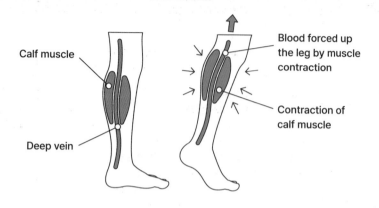

탱고를 "하나의 심장, 네 개의 다리로 추는 춤"이라고 한다. 상체는 가슴을 통해서 열정을 느끼고, 가슴 밑에서부터 만들어진 다리는 역동적인 춤을 추는 것이다. 이렇게 탱고 생리학적으로 완성된 근육과 골격은 모든 움직임에 탱고 에센스를 불어넣어 주게 된다.

좋은 탱고는 2가지 기준을 만족시킨다.

"린도 이 꼬모도 Lindo y Comodo" 하나는 아름다움이고 나머지는 편안함이다. 한 커플이 탱고를 출 때, 밖에서 보면 아름답고 두 사람은 편안하면 된다는 뜻이다.

Chapter.15 탱고테라피

탱고를 추면 심신의 즐거움과 더불어 건강증진에도 큰 효과를 얻을 수 있다. 탱고를 치유의 목적으로 응용한 학문이 "탱고테라피"이다.

탱고테라피의 정의

탱고테라피는 탱고를 구성하는 모든 방법을 활용하여 건강 증진 및 다양한 질병의 예방, 완화, 치유를 도모하며, 이 과정을 통해 개개인의 삶의 질을 향상 시키는데 주안을 둔 대안 요법이다. 궁극적으로는 사회 복지와 사회 통합에 기여하는 깃으로, 대표적인 효과로는 정서적 안정, 신체기능 향상, 정신 각성, 자아계발, 사회적 소속감 강화 등이 있다.
탱고테라피의 주요 목표는 연결과 소통이다. 정신과 육체, 음악과 춤, 남녀노소, 인종, 국가, 문화, 커뮤니티 등 다양한 관계를 연결하고, 그 안에서 원활한 소통이 이루어지도록 탱고테라피만의 고유하고 섬세한 기능을 활용하는 것이다.

탱고테라피는 음악, 댄스, 언어 3가지 분야를 포괄한다. 이미 널리 알려지고 발전해 온 뮤직테라피, 댄스테라피 그리고 언어테라피의 효과를 탱고의 3가지 장르인 음악, 춤, 시 분야에 효율적으로 접목시켜 운영할 수 있다.

탱고테라피의 작동 원리

탱고는 음악, 음악, 언어를 통해 인간의 내재된 감각을 일깨우고 감정에 생동감을 주어 삶의 긍정 에너지를 이끌어내게 한다. 탱고를 추면 본연의 자신과 만나게 되며 특별한 기억을 남기거나 향수를 떠올리게 되는데, 이를 표현함으로써 카타르시스를 느끼게 되는 것이다. 이러한 감정과 감각들이 같이 춤을 추는 파트너와 교감이 되고 더 나아가 같은 장소에서 춤을 추는 모든 이와 교감을 하게 되면서, 전체 구성원의 에너지가 소통을 이루게 된다. 이 과정에서 정신적, 육체적, 정서적 테라피 효과를 얻는다.

탱고테라피의 효능 발현

탱고테라피 구현 방법

탱고테라피의 구성 요소인 댄스, 뮤직, 언어를 통합적으로 활용하여 개개인에 적합한 단계를 적용한다.

탱고테라피 구현 방법

댄스	음악	언어
무브먼트	청음과 뮤지컬리티	노래, 시, 대화
↓	↓	↓
신체 기능의 복원 및 증진 사회 구성원 사이의 교감 유도 사회적 안정 기대	자연과의 교감 정서적 반응 유도	문화적 카타르시스 사교와 소통

탱고테라피를 구성하는 전통 3대 테라피 개요

댄스테라피의 기원인 춤과 동작을 정신장애 및 신체장애를 치료하기 위해 활용한 것은 고대의 제례 의식부터였다. 이후 본격적인 댄스테라피는 1942년, 미국의 무용가 '머라이언 체이스 Marian Chace'가 워싱턴 D.C.의 성 엘리자베스 병원에서 춤을 치료에 이용한 것이 시초가 되었다. 그는 프로이트의 정신 분석에 기초를 둔 무용 치료 이론을 정립하였으며, 1966년에 미국무용치료협회 American Dance Therapy Association 를 설립하여 이 치료법의 대중화에 크게 기여하였다. 비만 치료는 물론 정신적 장애를 치료하는 데에 큰 효과를 지녀 전 세계에 널리 보급되었으며, 댄스요법치료사 · 음악치료사 등의 신종 직업도 생겨났다.

뮤직테라피는 음악을 청취하거나, 음악의 구성 요소인 소리, 리듬, 멜로디, 하모니 등을 이용하여 정신 및 신체 건강을 복원하고 유지, 향상시키는 데 그 치료 목적을 둔다. 뮤직테라피의 방법인 음악을 치유기법으로 활용하며, 1950년 미국에서 세계 최초의 음악치료학회가 창설되면서 뮤직테라피는 본격화되었다. 이후 각 대학교에 음악치료 교과 과정과 음악치료사의 임상 훈련 과정이 만들어지는 등, 다양한 의료 및 교육기관에 뮤직테라피가 널리 보급되게 되었다.

언어테라피 중에서 시테라피는 시와 더불어 서술 혹은 기록된 미디어 등을 웰빙과 힐링에 이용하는 치유요법이다. 쓰고, 읽고 표현하는 기법을 통하여 병을 치유하는 것은 기원전 4천년경 이집트 파피루스에 처음 나타난다. 이후 1700년 중반에 미국 펜실베니아 병원에서 이 기법을 도입했다는 보고가 있다. 1800년대 초반에는 닥터 벤자민 러쉬가 시를 테라피의 기법으로 도입했다고 한다. 1928년에는 시인이자 약사인 엘리 그리퍼가 시테라피 그룹을 만들었으며 정신과 의사인 닥터 잭 리디, 닥터 샘 스펙터와 함께 이들이 속한 두 병원에서 시테라피에 대한 연구가 이루어졌다. 그리퍼가 사망한 뒤에 리디는 다른 연구자들과 함께 1969년 "시테라피협회 Association for Poetry Therapy"를 설립했다.

탱고테라피의 효과

탱고테라피는 인간이 신체 조절 능력을 키우고 인지능력을 강화하는 데 큰
도움을 준다. 탱고테라피 수행 과정을 통해서 개개인은 자아 발전의 기회를
얻고, 타인과의 교감 및 공감능력을 향상시킬 수 있게 되며 이를 통해 사회
집단은 긍적적인 사회적 통합과 수준 높은 복지를 달성할 수 있게 된다.

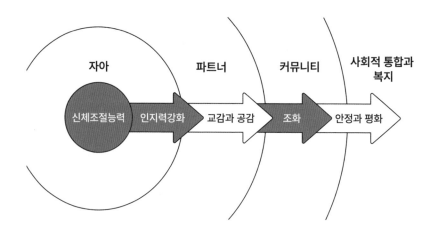

탱고테라피의 효과

댄스테라피 효과

- 신체 자세와 균형 감각 개선
- 인지 능력 향상
- 자신감과 자부심 증가
- 창의력과 상상력 증가
- 스트레스 감소
- 감정 표현 능력 증가
- 체중 조절
- 근육과 골격 강화

시테라피 효과

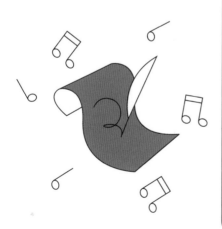

- 자기 표현력 증가
- 자아 인식과 자신감 증가
- 창의력과 감각력 개선
- 인지 조화력 증가
- 신체와 외모에 관한 감정 개선
- 대인 관계 기술 개선
- 심폐 기능 개선
- 스트레스와 불안감 감소

뮤직테라피 효과

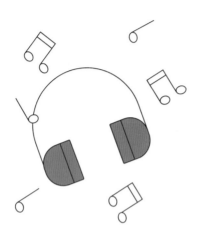

- 스트레스 및 불안감 감소
- 수면의 질 향상
- 기억력 개선
- 동기 부여
- 통증 감소
- 우울 증상 개선
- 혈압 감소
- 면역력 증가
- 소통력 증가

전통적인 3대 테라피와 더불어 최근 주목 받는 걷기테라피와 허그테라피 등의 세분화된 분야도 탱고테라피에 적용되어 효과적인 방법으로 활용될 수있다. 특히 탱고의 특징인 안기와 걷기를 테라피적 방법론으로 접근하면 탱고테라피가 발전될 가능성은 더욱 커진다.

걷기 효과

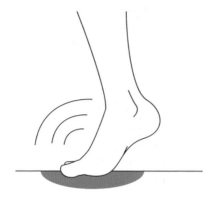

- 체중 감량 촉진
- 혈액 순환 개선
- 혈압과 콜레스테롤 감소
- 공복 혈당 감소
- 스트레스 감소
- 수명 연장
- 골격 강화
- 기분 북돋기
- 근육 강화
- 수면 개선
- 심폐 기능 강화

- 관절 기능 향상
- 기억력과 인지 능력 향상
- 기억력 감퇴 지연
- 알츠하이머 병 예방
- 활동적인 신체 유지
- 균형과 조정력 향상
- 창의력 향상
- 알러지 완화
- 통증 완화에 도움
- 시력 개선
- 소화력 개선

- 면역 작용 증진
- 식욕 감소
- 정맥류 등의 질병 예방
- 호흡의 심화

안기 효과

- 온몸으로 하는 포옹은 신경계를 활성화한다. 자부심을 증가시키고 긴장을 완화하며 고독감을 감소시킨다.

- 20초 이상의 포옹은 즉각적으로 분위기를 북돋고, 마음을 안정시키며 심장 박동 수를 낮춰준다.

- 스트레스로 인한 질병에 대처하는 것을 도와준다.

- 노화를 늦춰 준다.

- 통증을 완화시킨다.

- 우울증을 완화시킨다.

- 불면과 불안을 치유한다.

- 식욕을 억제한다.

- 근육의 긴장을 풀어 준다.

- 공감과 상호 이해를 증가시킨다.

- 행복감을 북돋운다.

- 심장 질병을 예방한다.

탱고테라피 활용 분야

탱고테라피의 방법론은 현재 많은 논의와 발전 중이고, 그 효과는 점점 입증되고 있다. 각 분야에 맞는 방법론이 개발되고 구체화되면 다양한 기관과 시설에서 활용될 수 있다.

탱고테라피 활용 분야

교육기관	의료시설	복지시설	요양시설	여행, 레저
초중고 교육 시설	특수 목적의 의료시설	고아원	실버타운	리조트
대학교	알츠하이머	양로원	재활시설	크루즈
전문 직업학교	파킨슨	홈리스		세계 주요 도시 명소
실업 재교육기관	정신병동			
평생교육원				
개개인의 사회적 기능 강화	질병예방, 완화, 치유에 일조	소외계층에 대한 관심과 통합을 위한 동기 부여	건강 회복과 사회 복귀를 위한 심신 재건	즐거운 여가활동의 콘텐츠 확대

탱고 필수 용어 사전

탱고 필수 용어 사전

탱고 강습을 할 때는 정확하되 짧고 간결한 용어 설명이 필요하다. 스페인어로 되어 있는 주요 용어들은 탱고의 느낌을 잘 살리기 위해 그대로 표현하는 것이 좋다.

탱고에서 자주 사용되는 기본 용어

땅고 / 탱고 Tango

탱고의 정식 발음은 "땅고"이지만 "탱고"라는 표기와 발음도 통용된다.
땅고는 19세기 말 아르헨티나의 수도 부에노스아이레스의 항구지역 라보까에서 탄생되었다.
2009년에는 유네스코 문화유산으로 등재되었다.

아모르 Amor │ 사랑

연인, 가족, 친구, 사제지간 등 서로 신뢰하고 애정이 있는 사이에서 '미 아모르 Mi Amor' 라는 호칭으로도 많이 사용된다.

바일레 Baile │ 춤, 댄스

탱고에서 춤의 장르를 특정할 때는 '바일레 데 땅고 Baile De Tango'라고 한다.

밀롱가 Milonga

탱고를 즐기는 장소를 통칭하여 밀롱가라고 한다. 탱고라는 명칭이 생기기 전에는 밀롱가로 불리기도 했다. 밀롱가에 놀러 가는 것을 '밀롱게아르 Milonguear'라고 한다.
밀롱가는 2박자 리듬의 음악 장르를 부르는 이름이기도 하다.

밀롱게로 Milonguero

밀롱가에서 탱고를 즐기며 존중받는 남자를 통칭.

밀롱게라 Milonguera

밀롱가에서 탱고를 즐기며 존중받는 여자를 통칭.

땅게로 Tanguero

탱고의 가치를 높게 추구하며 존경받는 남자 탱고 마스터.

땅게라 Tanguera

탱고의 가치를 높게 추구하며 존경받는 여자 탱고 마스터.

뽀르떼뇨 Porteño

항구를 뜻하는 '뿌에르또 puerto'에서 유래된 단어로 탱고의 발생지인 부에노스아이레스 사림을 일컫는다. 항구 사람들 특유의 강한 캐릭터와 자부심을 탱고와 견주어 표현할 때 자주 사용한다.

쁘락띠까 Practica │ 탱고를 연습하는 것. 혹은 연습 하는 공간.

쁘락띠까는 밀롱가와 달리 격식 없이 자유로운 분위기에서 운영된다. 강사의 연습 가이드가 제시되는 곳도 있고, 밀롱가와 비슷한 분위기로 운영되는 곳도 있다. 대체로 밀롱가보다는 입장료가 저렴하여, 젊은 층들이 밀롱가 대신 많이 찾는 곳이 되기도 한다.

딴다 Tanda │ 음악의 한 묶음.

플로어에 나가서 파트너 한 사람과 춤을 추는 단위. 한 딴다는 3~4곡으로 구성된다. 밀롱가에서는 보통 한 사람과 1개의 딴다를 춘다.

꼬르띠나 Cortina

꼬르띠나의 원래 뜻은 '커튼'으로, 밀롱가에서 한 딴다가 끝났음을 알려줄 때 틀어주는
음악을 뜻한다.

론다 Ronda

론다는 '주위를 돈다'라는 뜻으로, 밀롱가에서 시계 반대 방향으로 전진하며
춤을 추는 것을 뜻한다.

씨쿨라시온 Circulación | 론다의 흐름.

춤추는 사람들의 수준이 높아서 플로어의 론다가 잘 흐르는 것을 '씨쿨라시온이 좋다'라고
말한다.

까베쎄오 Cabeceo

리더와 팔로워가 춤의 신청과 승낙을 표현하기 위해 행하는 바디랭귀지. '머리 Cabeza'에서
파생된 단어로 고개를 까딱이는 제스처를 말한다. 이때 아이컨택이 필요하다.

탱고 강습에서 알아야 할 기초 용어

포스투라 Postura | 자세

탱고를 추기 위한 리더와 팔로워의 기본자세.

에헤 Eje

축. 회전 혹은 활동의 중심. 몸통을 지나는 중심선으로 중력과 일직선상에 있다.

뻬쏘 Peso

체중. 발에 실리는 무게 중심.

빠소 Paso

걷기. 스텝 혹은 패턴 등을 지칭할 때 두루 사용된다.

까미나따 Caminata

걷기. 동사는 '까미나르 Caminar'.

빠우사 Pausa

멈추기. 쉬어가기.

까덴시아 Cadencia

운율, 율동적으로 춤추기

아브라쏘 Abrazo

안기. 포옹. 탱고를 추기 위해 두 사람이 마주 보고 안고 있는 자세.

꼬넥씨온, 커넥션 Conexión

관계. 연결. 리더와 팔로워 사이에 연결된 에너지의 교류. 커넥션

끄루쎄, 크로스 Cruce

양쪽 발이 엇갈려서 교차 되어 있는 상태. 중심 없는 발을 반대쪽 무게 중심이 있는 발 위로 교차하여 넘긴 다음, 두 발의 발목 바깥쪽을 서로 붙인다. 앞에서 보았을 때 두 발이 엇갈려져 크로스가 되어있다.

살리다 Salida ㅣ 출구

탱고를 처음 시작할 때 배우는 6~8스텝으로 탱고의 기초가 되는 걷기 시퀀스.
앞으로 걷기, 옆으로 걷기, 크로스, 뒤로 걷기 등 탱고 걷기의 기본 요소가 담겨 있다.

빠소 바시코 Paso Basico │ 베이직 스텝

3스텝으로 이루어진 탱고 기초 스텝. 리더를 기준으로 사이드 스텝과 2번의 전진 스텝으로
이루어져 있다. 팔로워는 사이드 스텝, 후진 스텝 그리고 크로스 스텝으로 이어진다.

삐싸르 Pisar

밟기. 탱고 걷기를 할 때 내딛는 발에 무게 중심이 실리는 것.

플루이도 Fluido │ 유연하게 잘 흐르는.

물 흐르듯 유연하게 춤을 이어나가는 것을 '플루이도 하게 춘다'고 한다.

엘레간떼 Elegante

엘레간떼는 '우아하고 기품이 있다'라는 뜻의 형용사다. 탱고를 출 때 가장 듣기 좋은 칭찬은
'엘레간떼 하다'는 말이다. 명사는 '엘레강시아 Elengancia'.

씸빠띠아 Simpatía

씸빠띠아는 '공감, 호감, 애잔, 애틋'이라는 뜻으로 탱고의 심연에 깔려 있는 기본적인 정서이다.

임프로비사씨온 Improvisación

즉흥, 임기응변. 정해진 안무 없이 즉흥적으로 추는 탱고의 중요한 특성

피구라 Figura

탱고 특유의 춤 동작들. 탱고 춤을 다양하고 재미있게 만드는 일련의 동작들로서
연속된 걷기, 사까다, 간초, 볼레오, 엔로스께, 바따다, 바리다 등의 베이스 피구라가 있다.

쎄꾸엔시아 Secuencia

피구라와 피구라가 연결된 일련의 동작구. 베이스 피구라들을 연결하여 만든 몇몇 세쿠엔시아들은
유명한 마스터들의 이름이 붙어있기도 하다. 꼬뻬스, 뻬따까, 알레망, 깔리토스 바리다 등

방향과 숫자

디렉씨온 Dirección
방향

이스끼에르다 Izquierda
좌, 왼쪽

데레차 Derecha
우, 오른쪽

데레초 Derecho
직진

아델란떼 Adelante
앞으로, 앞 방향으로

아뜨라스 Atrás
뒤로, 뒷 방향으로

라떼랄 Lateral / 꼬스따도 Costado
옆으로, 옆 방향으로

디아고날 Diagonal
사선으로, 대각선으로

숫자 1-8

숫자	1	2	3	4	5	6	7	8
용어	우노	도스	뜨레스	꽈뜨로	싱꼬	쎄이스	씨에떼	오초
원어	Uno	Dos	Tres	Cuatro	Cinco	Seis	Siete	Ocho

기초 피구라

삐봇 Pívot
회전의 축을 뜻하며 한 발로 회전하는 동작. 무게 중심이 있는 발의 앞꿈치가 회전의
중심점이 된다.

토르씨온 Torción / 디소시아씨온 Disociación
비틀기. 가슴과 골반이 서로 반대 방향으로 움직이면서 몸이 비틀어지는 동작

오초 Ocho
상체가 한 방향을 바라보는 상태에서 삐봇을 이용하여 두 지점을 왕복하여 돌아오는 동작.
걸을 때 반원을 그리며 한 점으로 이동하고, 도착 후 삐봇하여 다시 반원을 그리며 원래의 자리로
돌아온다. 걷기와 삐봇만으로 이루어지며 두 걸음으로 하나의 오초가 완성된다.
한 번 왕복하면 바닥에 숫자 8 모양이 그려져서 오초라고 한다.

오초 아델란떼 Ocho Adelante
앞으로 걸으며 하는 오초

오초 아뜨라스 Ocho Atrás

뒤로 걸으며 하는 오초

빠라다 Parada

리더가 팔로워의 움직임을 멈추게 하는 동작. 리더가 무게 중심이 없는 발을 팔로워의 무게
중심이 있는 발 옆에 밀착시켜 움직임을 멈추게 한다. 빠라다는 걷기, 오초, 히로 등의 동작을
마무리하고 다른 동작으로 연결하기 위하여 사용한다.

바리다 Barrida

리더가 무게 중심 없는 다리의 발과 발목을 이용해서 팔로워의 무게 중심 없는 발을 원하는 위치
까지 밀거나 끌어서 옮기는 동작. 바닥에서 발을 떼지 않고 끌듯이 옮긴다.

중급 피구라

살리다 아메리까나 Salida Americana

리더는 왼발에, 여자는 오른발에 무게 중심을 둔다. 리더는 오른쪽 팔꿈치를 살짝 내려서
팔로워를 오른쪽으로 90도 삐봇하게 리드한다. 이와 동시에 자신도 왼쪽으로 삐봇하며 팔로워와
함께 무게 중심이 없는 발을 앞으로 쭉 뻗는다. 살리다 아메리카나는 두 사람이 마치 서로 거울을
보고 있는 모습처럼 보여서 에스뻬호 Espejo(거울) 동작이라고 불리기도 한다.

오초 꼬르따도 Ocho Cortado

팔로워 전용 동작으로 밀롱가에서 자주 사용된다. 오초를 하다가 끊고 다시 돌아온다는 뜻이다.
팔로워 기준으로 동작을 살펴보면, 오른발에 중심이 있는 상태에서 오초 아델란떼를 하기 전에
사이드 스텝을 한다. 이때 왼발로 무게 중심이 옮겨지는 즉시 팅기듯 다시 무게중심을 오른쪽으로
옮기며 제자리로 돌아온다. 그와 동시에 왼발을 당겨서 오른발 옆에 크로스를 한다.

히로 Giro

회전 동작의 통칭. 주로 리더를 중심으로 두고 팔로워가 회전하여 제자리로 오는 동작을 뜻한다. 팔로워 기준으로 보통 5걸음으로 완성된다. 용도에 따라서 2걸음 히로, 3걸음 히로, 4걸음 히로가 있다. 히로를 할 때는 규칙이 있다. '오초 아델란떼 - 사이드 스텝 - 오초 아뜨라스 - 사이드 스텝' 또는 '오초 아뜨라스 - 사이드스텝 - 오초 아델란떼 - 사이드 스텝'의 순서대로 걸으며 회전해야 한다.

메디오 히로 Medio Giro

회전의 절반. 반 바퀴만 회전하는 것. 팔로워의 스텝은 '오초 아델란떼 - 사이드 스텝 - 오초 아뜨라스' 또는 '오초 아뜨라스 - 사이드 스텝 - 오초 아델란떼'로 구성된다.

아마게 Amague / 꾸니따 Cunita / 레보떼 Rebote

내딛은 발에 무게중심을 완전히 옮기지 않고 이전발로 다시 돌아가는 동작.
요람을 흔들듯이 몸의 중심을 두 발 사이에서 왕복하는 동작이다.

깜비오 프렌떼 Cambio Frente

앞뒤가 바뀌는 것을 뜻한다. 커플이 반 바퀴 회전하여 180º 도는 동작 혹은 동작구이다.
메디오 히로, 빠라다 등이 대표적인 깜비오 프렌떼이다.

라피스 Lápiz / 룰로 Rulo

한쪽 발에 무게 중심을 싣고 반대쪽 발을 이용하여 플로어에 원형으로 호를 그리는 동작.

사까다 Sacada

파트너 중 한 사람이 상대편 공간 안으로 발을 집어넣고 걸어 들어가는 동작.
파트너가 걷기 시작하여 두 발이 벌어져 있을 때 자신의 내딛는 발을 파트너의 발 옆에 붙여 놓고, 파트너와 동시에 무게 중심을 이동하면서 부드럽게 상대편의 발을 걷어낸다.
사까다를 할 때는 두 사람의 발이 정삼각형 형태가 되는 것이 좋다.

용어	원어	동작
사까다 아델란떼	Sacada Adelante	앞으로 걸으면서 하는 사까다
사까다 아뜨라스	Sacada Atras	뒤로 걸으면서 하는 사까다
사까다 라떼랄	Sacada Lateral	사이드 스텝을 이용한 사까다

볼레오 Boleo

한쪽 발에 무게 중심을 싣고 양쪽 무릎을 붙인 후에 무게 중심이 없는 다리의 발을 반대 방향으로
공을 던지듯 재빠르게 보내는 동작. 볼레오를 할 때 발을 플로어에 붙여서 하면 '볼레오 바호',
무릎을 접고 발을 플로어에서 높게 들어서 하면 '볼레오 알또'라고 한다.
방향에 따라서도 구분되는데 앞쪽으로 하는 볼레오를 '볼레오 아델란떼', 뒤쪽으로 하는 것을
'볼레오 아뜨라스'라고 한다.

상급 피구라

간초 Gancho

갈고리. 파트너의 두 다리 사이에 한쪽 다리를 집어넣고 갈고리처럼 무릎을 접었다 펴는 동작.
간초를 할 때는 안전을 위해서 엉덩이를 상대의 몸에 최대한 가깝게 하고 서로의 허벅지가
닿아야 한다. 간초를 하는 다리의 발끝은 허벅지가 서로 닿을 때까지 플로어에서 떨어지지
않는다. 간초를 받는 사람은 마치 야구에서 포수가 공을 받을 때처럼 자신의 허벅지에 상대편의
허벅지가 느껴질 때 발뒤꿈치를 살짝 들고 무릎을 굽혀 충격을 완화시킨다.

이때 발끝이 플로어에서 떨어지지 않도록 주의한다. 간초가 시작되어 허벅지가 닿으면 두 사람 다 고관절을 회전시켜서 자연스럽게 간초의 진행 방향을 깊게 만들어 준다.

엔로스께 Enrosque
크로스와 삐봇이 동시에 일어나는 동작. 크로스를 하면서 삐봇, 혹은 삐봇을 하면서 크로스를 하며 회전하는 동작. 와인을 따는 스크류의 움직임과 비슷하다.

바따다 Batada
한쪽 발에 무게 중심을 싣고 반대쪽 발을 공을 차듯이 앞으로 차는 동작.

쁠라네오 Planeo
무게 중심이 있는 다리의 무릎을 굽히고 반대쪽 다리의 무릎을 펴서 옆으로 길게 뻗어 컴퍼스처럼 만든다. 이후 파트너의 도움으로 삐봇을 하며 활공하듯이 제자리에서 회전하는 동작.

꼬리다 Corrida
'달리다' 혹은 '서두르다'라는 의미.
파트너와 함께 짧고 빠른 보폭을 이용하여 한쪽으로 4스텝 이상 움직이는 동작.

꼴가다 Colgada
두 사람의 가운데 중심을 기준으로 매달리듯이 회전하는 동작.

볼까다 Volcada
리더가 팔로워의 축을 크게 기울여 회전시키며 크로스 혹은 오초를 시키는 동작

포쎄 Pose
포즈. 탱고 음악이 끝날 때 주로 사용되는 멈춤이 있는 여러 가지 엔딩 자세. 곡의 중간에 임팩트를 주기 위해 사용하기도 한다.

살또 Salto

점프하는 동작.

센따다 Sentada

리더의 무릎 등에 앉는 동작

뮤지컬리티

꼼빠스 Compás

비트 혹은 박자. 탱고에서 꼼빠스는 박, 박자, 리듬 등을 의미한다.

띠엠뽀 Tiempo

탱고 걷기의 기준 박자. 보통 1초 내외에 1박자디. 4/ 4박자 탱고의 리듬은 강 - 약 - 중강 - 약으로 구성되고 강, 중강 박자가 각각 띠엠뽀가 된다.

메디오 띠엠뽀 Medio Tiempo

띠엠뽀보다 2배 느린 박자.

도블레 띠엠뽀 Doble Tiempo

반박자. 띠엠뽀보다 2배 빠른 박자.

꼰뜨라 띠엠뽀 Contra Tiempo | 역박자

원래의 탱고 리듬인 강 - 약 - 중강 - 약에서 반대로 약 - 강 - 중강 - 약으로 리듬이 바뀐 것. 첫 박자가 약해지면서 짧아지고 두 번째 박자가 길어진다.

프라쎄 Frase

악구. 동일한 음악적 흐름 한 단위를 의미한다.

1개의 프라쎄는 16띠엠뽀로 구성된다. 쎄미 프라쎄는 8띠엠뽀이다.

땅고 뜨랑낄로 Tango Tranquilo

탱고 음악 중에서 멜로디가 부각되어 부드럽고 차분한 곡들을 '땅고 뜨랑낄로'라고 한다.

대표 악단은 디살리, 프레세도, 깔로, 뿌글리에쎄 등이 있다.

땅고 모비도 Tango Movido

리드미컬한 탱고곡을 '땅고 모비도'라고 부른다. 대표 악단은 다리엔소, 뜨로일로, 딴뚜리이다.

땅고 안티구오 Tango Antiguo

1939년 이전의 탱고 음악으로 2박자의 단순한 리듬이 특징이다.

대표적인 악단으로는 까나로, 피르뽀, 로무토 등이 있다.

밀롱가 Milonga

밀롱가는 탱고 음악의 모태로서 2/4박자의 흥겨운 춤이다. 크로스와 삐봇이 없는 단순한
패턴으로 추면서 리듬을 즐긴다. 밀롱가는 탱고 추는 클럽을 지칭하기도 한다.

밀롱가 리사 Milonga Lisa

밀롱가 리듬에서 강한 박자에만 맞추어 추는 것을 '밀롱가 리사 Milonga Lisa'라고 한다.
리사는 단순하다는 의미이다.

밀롱가 꼰 뜨라스삐에 Milonga con Traspié

밀롱가를 출 때 뜨라스삐에를 섞어서 추는 것을 의미한다.

발스 Vals

왈츠가 연상되는 경쾌하고 우아한 3/4박자의 음악이다. 발스는 탱고를 추는 모든 스텝을
사용할 수 있다. 특히 회전하는 패턴을 많이 쓰고 멈추는 시퀀스는 사용하지 않는 것이 좋다.

춤의 스타일

깐젠게 Canyengue

1900년도 초반에 추었던 탱고 스타일. 아브라쏘의 위치가 머리 위로 올라가거나 혹은 허리춤
까지 내려오기도 했다. 당시 여성들의 타이트한 스커트 영향으로 춤을 출 때 보폭은 좁게, 무릎은
많이 굽히고 움직인다. 갑자기 멈추거나 빠른 스텝을 자주 이용하여 춤에 악센트를 주기도 했다.

땅고 오리제로 Tango Orillero

'변두리 탱고'라는 뜻의 오리제로는 매우 유쾌한 스타일이다. 킥, 간초, 점프 등 많은 패턴을
사용했다. 비교적 공간 제약을 받지 않으며 쇼 탱고의 초기모습을 보여 주었다.
초창기 탱고인 깐젠게와 황금기의 땅고쌀론을 이어주는 주요한 역할을 했다.

땅고쌀론 Tango Salón

탱고의 황금기인 1950년대 초반에 풍미 했던 탱고 스타일을 '땅고쌀론'이라고 부른다.
탱고의 대표적인 스타일로 엘레강스하고 길게 걸으며 빠우사를 많이 사용한다.
조용하고 부드러운 멜로디에 잘 어울린다. 현대에 익숙하게 알고 있는 유명한 탱고 패턴과
시퀀스들도 이 당시에 다수 만들어지게 된다.

뻬띠떼로 Petitero

1960년대 부에노스아이레스의 한 탱고 카페인 "쁘띠 카페"에서 시작된 스타일. 비교적 단기간에
배울 수 있다. 리듬 있는 음악에 잘 어울리며 보폭이 작아 좁은 공간에 유용하다.

땅고 누에보 Tango Nuevo

현대에 활성화된 비교적 새로운 탱고 스타일들을 총칭한다. 아브라쏘를 풀고 추는 등 실험적인
동작들도 있다. 비교적 자유로운 형식의 탱고 스타일로 유럽의 젊은 세대에서 많이 볼 수 있다.

땅고 에쎄나리오 Tango Escenario

무대용 쇼 탱고. '스테이지 탱고'라고도 하며 1993년경 '탱고 아르헨티노'라는 공연을 필두로
활성화된 스타일. 무대 공연을 목적으로 하지만 그 뿌리는 정통 탱고에 두며, 드라마틱하고
화려한 안무를 활용하여 만들어진 스타일이다.

신체

까베사 Cabeza ｜ 머리

까라 Cara ｜ 얼굴

오호 Ojo ｜ 눈

나리스 Nariz ｜ 코

보까 Boca ｜ 입

오레하 Oreja ｜ 귀

옴브로 Hombro ｜ 어깨

뻬초 Pecho ｜ 가슴

빤사 Panza ｜ 배

신뚜라 Cintura ｜ 골반

브라소 Brazo ｜ 팔

꼬도 Codo ｜ 팔꿈치

마노 Mano ｜ 손

뻬에르나 Pierna ｜ 다리

로디샤 Rodilla ｜ 무릎

또비쇼 Tobillo ｜ 발목

삐에 Pie ｜ 발

메타따르소 Metatarso ｜ 앞꿈치

뿐또 Punto ｜ 발의 앞쪽 끝, 발가락

따꼬 Taco ｜ 뒷굽, 뒤꿈치

책을 마치며

탱고 음악이 새어 나오는 밀롱가의 묵직한 문을 밀고 들어간 오래전 그날. 서울 시내에 이런 곳이 있구나, 하고 조금 놀랐던 것 같습니다. 오렌지빛 조명과 나무 바닥, 아름다운 음악에 맞춰 근사하게 차려입은 사람들이 춤을 추던 그곳의 이미지가 며칠이나 잔상으로 남았습니다.

호기심에 탱고를 검색하다 보니 출처 불분명한 이야기가 아닌, 믿을만한 전문가가 쓴 탱고책이 있으면 좋겠다는 생각이 들었습니다. 한참 후 우연히 양영아, 김동준 교수님을 만났고, 이분들이 제가 찾던 탱고 마스터라는 것을 알았습니다.

탱고 마스터가 책으로 만들어지기까지 긴 시간과 노력이 필요했습니다.
20년간 기록해 온 자료를 건네주시고, 마지막까지 한 글자 한 글자 함께
확인해 주신 양영아, 김동준 교수님. 그리고 방대한 내용을 알기 쉽게 구성
해 주신 박희연 작가님께 깊은 감사를 드립니다.

마에스트로 깔리토스 & 로사 페레즈의 말씀처럼 이 책이 초보자와 전문가
모두에게 도움이 되는 탱고 백과사전이 되기를, 그리고 여러분 앞에 펼쳐질
흥미진진한 탱고의 여정에 멋지고 즐거운 일들이 가득하기를 바랍니다.

펴낸이 우승아

탱고 마스터

한 권으로 끝내는 탱고의 모든 것

초판 1쇄 발행 2024년 5월 1일

지은이 양영아, 김동준
엮은이 박희연
펴낸이 우승아
디자인 이주연
펴낸곳 VICKYBOOKS
출판등록 제2023-000289호
주소 서울특별시 강남구 도곡로 120, 2층
이메일 vickybooks@vw.studio

ISBN 979-11-987267-0-4

VICKYBOOKS는 (주)브이더블유컴퍼니의 출판 브랜드입니다.